Marius Ebert

So wird man ein Gen

Marius Ebert

So wird man ein Genie

Ein Spaßlerndenkbuch

Illustrationen von Reinhold Przybyla

4., überarbeitete Auflage 2003

R. G. Fischer Verlag

Bibliografische Information Der Deutschen Bibliothek
Die Deutsche Bibliothek verzeichnet diese Publikation in der Deutschen Nationalbibliografie; detaillierte bibliografische Daten sind im Internet über http://dnb.ddb.de abrufbar

4., überarb. Auflage 2003

Orber Str. 30, D-60386 Frankfurt/Main

Herstellung: LO
Umschlaggestaltung: Gerd Schröter, Siegen
Printed in Germany
ISBN 3-8301-0506-1

Inhalt

Anhang

Einleitung

Verblüffende Möglichkeiten des menschlichen Geistes

Erinnern Sie sich an den Film "Rain Man"? Er schildert die Geschichte eines Autisten, also eines Menschen mit einem krankhaften Selbstbezug. Trotzdem verfügt dieser Mensch offensichtlich über verblüffende geistige Möglichkeiten. Eine der eindrucksvollsten Szenen des Films zeigt dies: Um die Fähigkeiten dieses Autisten, dargestellt von Dustin Hoffman, zu testen, nimmt sein Bruder, dargestellt von Tom Cruise, drei Kartenspiele und mischt sie sorgfältig. Dann beginnt er, diese Karten mit wahnwitziger Geschwindigkeit auszuteilen. Jede der ausgeteilten Karten ist dabei nur Sekundenbruchteile zu sehen und wird sofort von der nächsten Karte zugedeckt. Als er über die Hälfte der Karten ausgeteilt hat, hält er den restlichen Stapel hoch und fragt nach seinem Inhalt. Ohne die kleinste Verzögerung kommt die Antwort: "Neun Asse, sieben Könige, zehn Damen, acht Buben, sieben Zehnen...."

Geistige Weiterentwicklung ist möglich

Zwar handelt es sich bei dieser Szene "nur" um einen Film, trotzdem gilt das dargestellte Phänomen als durchaus realistisch. Ein weiteres Beispiel für die Möglichkeiten des menschlichen Geistes ist die Geschichte des Engländers Jebediah Buxton, eines Mannes aus Elmton in Derbyshire. Im Jahre 1787 wurden seine Fähigkeiten durch einen Zeitschriftenbericht bekannt. Während Buxton ununterbrochen vor sich hin murmelte, multiplizierte er Zahlen mit über 30 Stellen miteinander - fehlerlos und im Kopf. Buxton war ansonsten geistig so zurückgeblieben, daß er ständig auf fremde Hilfe angewiesen war.

Solche Menschen werden inzwischen wissenschaftlich erforscht. Die Wissenschaft nennt sie "idiots savants", also schwachsinnige Gelehrte.

Es handelt sich bei beiden Beispielen zwar um kranke Menschen. Gleichwohl lassen solche Szenen etwas davon ahnen, welches Potential der menschliche Geist noch in sich birgt. Führende Wissenschaftler haben erklärt, daß es das Gebiet der geistigen Fähigkeiten sein wird, auf dem in Zukunft die großen Entdeckungen gemacht werden.

Geistige Entwicklung ist unsere Aufgabe

Unsere körperliche Entwicklung ist mit spätestens fünfundzwanzig Jahren abgeschlossen. Unsere geistig-seelische Entwicklung hingegen sollte ein Leben lang dauern. Jeder Mensch hat grundsätzlich die Möglichkeit, mehr von seinen geistigen Fähigkeiten anzuwenden.

Was ist ein Genie?

Man hat einmal geglaubt, daß ein genialer Mensch ein besonders großes Gehirn habe. Dann hat man vermutet, daß ein Genie besonders viele Windungen innerhalb seines Gehirns aufweise. Von diesen beiden Meinungen ist man inzwischen wieder abgekommen. Heute vermutet man, daß ein Genie sich weniger durch einen anatomischen Vorteil von seinen Mitmenschen abhebt als dadurch, daß es mehr von seinen geistigen Fähigkeiten anwendet, als dies üblicherweise die meisten Menschen tun.

Von diesem Verständnis wollen wir in diesem Buch ausgehen:

Ein Genie ist ein Mensch, der mehr von seinen geistigen Fähigkeiten anwendet als die meisten anderen Menschen.

Informationen aufnehmen und nutzen

Wenn jemand lernen möchte, mehr von seinen geistigen Fähigkeiten anzuwenden, dann geht es, kurz gesagt, um zwei Dinge: Einmal geht es darum, wie wir Informationen richtig aufnehmen und speichern. Zum anderen geht es darum, diese Informationen nutzen zu lernen, das heißt, das gespeicherte Wissen gewinnbringend anzuwenden.

Deswegen besteht dieses Buch aus zwei Teilen. Der erste Teil beschäftigt sich mit unserem Gedächtnis und unserer Lernfähigkeit. Hier erfährt der Leser[1], wie man Wissen am besten speichert. Im zweiten Teil

[1] Selbstverständlich sind Frauen genauso angesprochen wie Männer. Dies läßt sich nur manchmal nicht formulieren, ohne daß der Lesefluß gestört wird.

besprechen wir dann, wie man mit dem gespeicherten Wissen etwas anfängt, das heißt, wie man es besonders gewinnbringend einsetzt und nutzt.

Damit sich die Lektüre lohnt

Wenn wir Genies im Sinne dieses Buches werden wollen, dann sollten wir zwei Grundvoraussetzungen mitbringen: Wir sollten erstens bereit sein, ständig zu lernen. Wissen ist der Rohstoff für Genialität. Wie man diesen Rohstoff am besten aufnimmt, ist Thema des ersten Hauptteils. Wir sollten zweitens bereit sein, Gedankenmuster zu überwinden. So entstehen aus dem Rohstoff geniale Ideen. Damit beschäftigt sich der zweite Hauptteil.

Die Darsteller in diesem Buch

Nun bleibt nur noch, die Darsteller dieses Buches vorzustellen:

In den Hauptrollen: Frau Mnemo und Herr Spinner.

Frau Mnemo[1] wird uns im ersten Hauptteil begleiten. Sie ist die Abteilungsleiterin unseres Gedächtnisses und wird uns einiges über die Abläufe in unserem Kopf berichten können. Das wird uns helfen, Informationen in Zukunft so zu speichern, daß Frau Mnemo und ihre Mitarbeiter in unserem Sinne für uns arbeiten können.

Herr Spinner wird uns durch den zweiten Hauptteil führen. Seine Spezialität ist es, Wissen anzuwenden und daraus neue Ideen zu entwickeln. Durch seine Erklärungen werden wir lernen, unser Wissen richtig zu nutzen.

In den Nebenrollen: Herr Kurz und das übrige Gedächtnispersonal sowie ein Aschenbecher, der sprechen kann. Herr Kurz arbeitet in unserem Kurzzeitgedächtnis. Wir werden die Gelegenheit haben, ihn an seinem Arbeitsplatz zu besuchen und etwas über seine Arbeit zu erfahren. Das übrige Gedächtnispersonal, fleißige Damen und Herren in blauen Monteuranzügen, wird uns im Langzeitgedächtnis begegnen. Der sprechende Aschenbecher ist eine Erfindung von Herrn Spinner. Mehr darüber im zweiten Hauptteil.

Durch die Übungen des Buches können Sie Ihre Fähigkeiten gleich praktisch trainieren. Bitte machen Sie mit. Wenn Sie darüber hinaus noch mehr über praktische Trainingsmöglichkeiten wissen wollen, lesen Sie bitte die Beschreibung der Spaßlerndenk-Seminare im Anhang.

Viel Spaß!

---

[1] Mnemosyne ist die griechische Göttin der Erinnerungsgabe.

Erster Hauptteil: Gedächtnis und Lernen

Kapitel 1

Wie unser Gedächtnis arbeitet

Wie man lernt, lernt man nicht

Vor jeder Prüfung haben wir einen mehr oder weniger großen Berg an Faktenwissen zu bewältigen. Wir lernen Geschichtszahlen oder mathematische Formeln, philosophische Theorien oder Einzelheiten über das Knochengerüst des menschlichen Körpers. Irgendwie versuchen wir, diese Dinge in unseren Kopf hineinzubekommen. Was wir niemals gelernt haben, ist das Know-how des Lernens. Wir wissen wenig bis nichts über die Arbeitsweise des größten und leistungsfähigsten Biocomputers der Welt - unser eigenes Gehirn. Wir wissen nicht, wie wir diesen Biocomputer richtig programmieren, und wir wissen auch nicht, wie wir die gespeicherten Informationen wieder abrufen können, ein Mißstand, der sich in einer Prüfungssituation fatal auswirken kann. Viel gelernt zu haben und trotzdem in der Prüfungssituation das Wissen nicht mehr parat zu haben, es einfach nicht mehr abrufen zu können - ist Ihnen das schon einmal passiert?

Wie man sich in Prüfungen hilft, lernt man nicht

Der Tag der Prüfung ist da. Wir haben unseren Prüfungsbogen vor uns liegen und versuchen, die erste Frage zu beantworten. Wir alle kennen das Gefühl der Sicherheit, wenn wir erst einmal ein paar Fragen gut haben lösen können. Dann fällt es uns auch leicht, die übrigen Fragen zu bewältigen. Diesmal ist es leider anders. Gleich die erste Frage erwischt uns "auf dem falschen Fuß". Während wir mit Schrecken beobachten, daß die anderen Prüfungskandidaten fleißig schreiben, steigt unser Adrenalinspiegel. Wir versuchen krampfhaft, die Antwort auf die erste Frage in den Windungen unseres Gehirns zu finden. Je angestrengter wir suchen, desto weiter entfernen wir uns von der

Lösung. Schließlich geben wir entnervt auf und gehen zur zweiten Frage über. Frage zwei betrifft ein Gebiet, auf das wir uns besonders gut vorbereitet haben. Jedoch: Auch hier fällt uns keine Antwort ein. Wir fühlen uns plötzlich völlig leer, all unser Wissen ist "weg".

Wie man sich zum Lernen motiviert, lernt man auch nicht

Oder betrachten wir die Probleme, die bereits vor der Prüfung auftauchen. Kennen Sie den "Tanz um den Schreibtisch"? Versetzen Sie sich in folgende Situation: Sie haben sich für heute nachmittag vorgenommen, drei Stunden am Schreibtisch zu sitzen und zu lernen. Bevor Sie Platz nehmen, müssen Sie allerdings noch einmal auf die Toilette - schließlich wollen Sie ja danach ohne Störung durcharbeiten. Während Sie sich beim Händewaschen im Spiegel betrachten, fällt Ihnen auf, daß der Spiegel einmal geputzt werden könnte: also her mit dem Lappen und den Spiegel blankpoliert!

Danach begeben Sie sich natürlich sofort in Ihr Arbeitszimmer. Allerdings - ist da nicht dieses leichte Hungergefühl in der Magengegend? Das könnte sich beim Lernen störend bemerkbar machen. Also gehen Sie in die Küche und machen sich etwas zu essen. Natürlich nur eine Kleinigkeit! Auf dem Küchentisch liegt die Tageszeitung. Allgemeinbildung ist auch wichtig, sagen Sie sich und fangen an, den Wirtschaftsteil zu studieren. Nachdem Sie sich zwanzig Minuten mit der Zeitung beschäftigt haben, plagt Sie das schlechte Gewissen. Sie setzen sich nun an Ihren Schreibtisch und nehmen den Telefonhörer in die Hand, um einen anderen Prüfungskandidaten anzurufen. Was Sie von dort hören, beruhigt Sie dann wieder ungemein. Ihr Kollege hat nämlich zunächst einmal die Küche geputzt und ist nun gerade dabei, das Wohnzimmer auf Vordermann zu bringen: "Ich schaffe es einfach nicht, mich an den Schreibtisch zu setzen und zu lernen", erzählt er.

Der Aufbau unseres Gedächtnisses

Um leichter und besser lernen zu können, sollten wir zunächst unser Gedächtnis besser verstehen. Also schauen wir uns seinen Aufbau einmal genauer an.

Wissenschaftlich werden drei Gedächtnissysteme unterschieden:

Das sensorische Gedächtnis, auch Ultrakurzzeitgedächtnis genannt. Jedes unserer Sinnesorgane ist mit Antennen, den Sensoren, ausgestattet. Über diese Antennen werden flüchtige Eindrücke wie Bilder, Töne oder Gerüche aufgenommen. Informationen im sensorischen Gedächtnis werden nur ein oder zwei Sekunden lang gespeichert.

Das Kurzzeitgedächtnis. Informationen im Kurzzeitgedächtnis werden etwa zwanzig bis dreißig Sekunden lang gespeichert.

Das Langzeitgedächtnis. Informationen, die im Langzeitgedächtnis gespeichert sind, stehen uns oft ein Leben lang zur Verfügung.

Informationen, die wir im Langzeitgedächtnis speichern, haben zuvor das sensorische Gedächtnis und das Kurzzeitgedächtnis durchlaufen. Sinneseindrücke werden zunächst im sensorischen Gedächtnis wahrgenommen. Einige dieser Sinneseindrücke werden dann an das Kurzzeitgedächtnis weitergeleitet. Unser Kurzzeitgedächtnis wollen wir im folgenden genauer betrachten.

Wir besichtigen das Kurzzeitgedächtnis

Wir schauen in einen kleinen Vorraum. Dieser Raum ist sehr eng und ausgesprochen karg möbliert. Wir finden keine Regale an den Wänden, noch sonst eine Möglichkeit, irgend etwas systematisch zu speichern. Die einzigen Möbel in diesem Raum sind ein Tisch und ein Stuhl. An diesem Tisch sitzt ein einziger Arbeiter. Die eingehenden Informationseinheiten kommen, als Pakete verpackt, durch eine Röhre auf seinen Tisch.

© Dr. Marius Ebert

Begrenzte Kapazität des Kurzzeitgedächtnisses

Wir begrüßen den Arbeiter (sein Name ist Herr Kurz) und danken ihm dafür, daß wir ihm einen Moment bei der Arbeit zuschauen dürfen. Herr Kurz ist recht froh, einmal Besuch zu bekommen, und beginnt ein wenig über seine Arbeit zu plaudern: "Sie sehen", sagt er, "daß wir hier im Kurzzeitgedächtnis nur sehr begrenzte Möglichkeiten haben. Der Raum ist einfach zu klein und eng, um hier sehr viel zu speichern. Sie können sich diesen Raum eher als eine Art Zwischenlager vorstellen. Was hier nicht innerhalb von 30 Sekunden an das Langzeitgedächtnis weitergeleitet wird, fällt durch eine Klappe in den Keller. Passen Sie auf!"

Herr Kurz öffnet durch Knopfdruck eine Klappe und läßt einige Pakete hineinfallen. Wir sind entsetzt: "Dürfen Sie das?" - "Natürlich", antwortet Herr Kurz, "diese Pakete waren nicht für eine längere Speicherung vorgesehen. Das erkenne ich an den Paketaufschriften."

Herr Kurz darf nicht überfordert werden

"Sie müssen wissen", erläutert Herr Kurz weiter, "daß hier im Kurzzeitgedächtnis sehr genaue und strenge Regeln gelten. Vor allem darf ich nicht überfordert werden. Deswegen haben die Gewerkschaften schon vor vielen Jahren Arbeitserleichterungen für mich durchgesetzt. Sehen Sie!" Herr Kurz weist auf die Tür des Raumes. An dieser Tür hängt eingerahmt ein Text, den uns Herr Kurz vorliest:

> "Die Richtgröße für die im Kurzzeitgedächtnis zu speichernden Informationseinheiten ist durch die Zahl Sieben vorgegeben. Nur in Ausnahmefällen wird von dieser Zahl um zwei nach oben oder unten abgewichen."

"Heißt das", fragen wir, "daß Sie hier im Kurzzeitgedächtnis nur sieben Informationseinheiten verarbeiten?" "Genau", antwortet Herr Kurz. "Mehr läßt die Kapazität einfach nicht zu. Dies gilt übrigens für alle Kurzzeitgedächtnisse auf der ganzen Welt, ganz gleich, ob es sich z.B. um einen Afrikaner, Europäer oder Asiaten handelt. Jeder Mensch kann in seinem Kurzzeitgedächtnis nur sieben (plus/minus zwei) Informationseinheiten speichern." - "Und was passiert, wenn mehr als sieben Pakete auf Ihrem Tisch landen?" - "Ganz einfach", sagt Herr Kurz. "Wenn das achte Paket kommt, lasse ich das erstgelieferte durch die Klappe in den Keller fallen. Ich entscheide rein nach dem zeitlichen Eingang der Pakete (= Informationseinheiten) - sortiert werden die Pakete bei mir nicht."

Die Kapazität des Kurzzeitgedächtnisses ist bei jedem Menschen gleich

Wir nehmen uns einen Moment Zeit, um über das neu Gelernte nachzudenken. Wir erinnern uns an ein Buch, das wir schon vor einiger Zeit einmal gelesen haben, und nehmen es wieder zur Hand. Sein Titel: "Die magische Zahl Sieben" des Psychologen George Miller. Wir schlagen es auf und lesen: "Ich bin von einer Zahl verfolgt worden. Seit sieben Jahren schon hat mich diese Zahl verfolgt, ist in meine höchst privaten Dinge eingedrungen... Es ist die Zahl Sieben: die sieben Tage der Schöpfung, die sieben Weltwunder, die sieben Todsünden, die sieben Stufen der Hölle...."

Weiter lesen wir, daß die Zahl Sieben keine kulturellen Grenzen kennt: Wenn afrikanische Stammeshistoriker Geschichten ihrer Vorfahren erzählen, können sie zwar auswendig Sagen von 12.000 Worten rezitieren; sie gehen üblicherweise jedoch nur sieben Generationen zurück. Über frühere Generationen wird meist nur gesagt, daß sie "vom Himmel gekommen seien".

Wir nehmen ein Blatt Papier zur Hand und testen uns selber. Aus einer Liste von Zufallszahlen versuchen wir nach einmaligem Durchlesen so viele wie möglich in der richtigen Reihenfolge aufzuschreiben:

7 5 3 1 5 4 8 4 2 9 3 9

Danach testen wir das gleiche noch einmal mit Buchstaben:

M H U G J K F P E S A W

Bitte, liebe Leserin, lieber Leser, machen Sie mit.

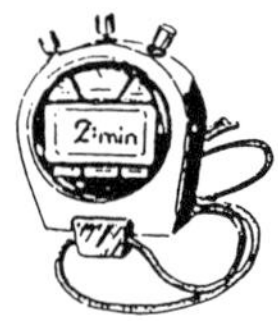

Zwei Minuten Zeit

Es stimmt! Wir können uns tatsächlich kaum mehr als sieben Zahlen oder Buchstaben merken!

Erweiterung der Kapazität ist trotzdem möglich

Wir wenden uns noch einmal an Herrn Kurz. "Gibt es keine Möglichkeit, die Kapazität trotzdem zu erweitern?" - "Doch", antwortet er mit leiser Stimme. "Wie jede Bestimmung, so hat auch die Bestimmung über meine Arbeitserleichterung eine Lücke. Und leider - muß ich aus meiner Sicht sagen - haben das einige Leute auch schon herausgefunden." - "Welche Lücke?" fragen wir aufgeregt und lesen noch einmal den Text: "Die Richtgröße für die im Kurzzeitgedächtnis zu speichernden Informationseinheiten ..."

"Stop!" unterbricht uns Herr Kurz. "Da steht nur, daß ihre Anzahl insgesamt die Zahl Sieben nicht überschreiten darf, aber dort steht nirgendwo, *wie groß* die einzelnen Informationseinheiten sein müssen." - "Heißt das", folgern wir blitzschnell, "daß man auch einzelne sehr große Pakete packen kann?" - "Genau", antwortet Herr Kurz, "die Größe der Pakete ist nicht vorgeschrieben."

Umpacken der Informationen: Chunking

"Es kommt also darauf an, die einzelnen Informationen geschickt in größere Pakete zu packen", überlegen wir laut, "das ist besser als viele kleine Pakete." Wir greifen noch einmal zu unserem Blatt Papier, mit dem wir uns vorhin selber getestet haben. Da stand:

7 5 3 1 5 4 8 4 2 9 3 9

Das ergibt 12 kleine Pakete mit je einer Zahl als Inhalt. Jetzt packen wir geschickter: Wir bilden nur vier etwas größere Pakete mit den Inhalten: 753,154, 842, 939. Das ist schon leichter zu merken.

"Gut", schaltet sich Herr Kurz wieder ein, der uns zugesehen hat. "Noch besser ist es, wenn Sie den einzelnen Paketen noch eine *Bedeutung* geben können. Zum Beispiel so: 753 ist das Gründungsdatum Roms ("sieben, fünf, drei, Rom kroch aus dem Ei"); 154 ist genau meine Körpergröße in Zentimetern; 8 dividiert durch 4 ergibt zwei und das letzte Paket 939 ist sowieso recht leicht zu merken. Diese Methode", erläutert Herr Kurz weiter, "hat George Miller entwickelt und 'chunking' genannt."

Wir bedanken uns bei Herrn Kurz und machen uns nun daran, unser Langzeitgedächtnis zu besichtigen.

Wir besichtigen das Langzeitgedächtnis

Wir betreten das Langzeitgedächtnis und schauen uns um. Uns fällt sofort auf, daß in diesem Raum immens viele Informationen gespeichert sind. An jeder der vier Wände erkennen wir große Schränke von der Decke bis zum Fußboden. Diese Schränke bestehen aus Hunderten von Schubladen, die vorne mit jeweils einem Stichwort versehen sind. Wir ziehen einfach einmal eine solche Schublade probeweise heraus. In der Schublade befinden sich wiederum Hunderte von Karteikarten mit weiteren Informationen. Auf diesen Karteikarten erkennen wir teilweise auch Querverweise auf andere Stichworte, die in anderen Schubladen gespeichert sind. Alles erscheint uns sehr systematisch und geordnet.

Teils Ordnung, teils völlige Unordnung

Während wir uns weiter umschauen, fällt unser Blick auf einige große Stapel völlig ungeordneten Papiers. Auch hier scheinen immens viele Informationen gespeichert zu sein, aber eben völlig ungeordnet. Das Papier liegt auch nicht sorgfältig aufeinander, sondern es sieht eher aus wie ein großer, schon mehrfach durchwühlter Haufen. Die Papierseiten sind teilweise einseitig, teilweise auch auf beiden Seiten beschrieben.

Informationsspeicherung ist Arbeit

Als wir uns diesen Papierhaufen näher anschauen wollen, stoßen wir mit einem Herrn in blauem Overall zusammen. Dieser Herr im blauen Overall ist ständig damit beschäftigt, neue Informationen zu speichern. Er ist nicht allein. Andere Damen und Herren, ebenfalls in Blau, helfen ihm dabei. Wir schauen für eine Weile einmal diesen Leuten bei der

Arbeit zu. Es scheint einfach zu sein, die Informationen zu speichern, wenn bereits ein Stichwort an einer Schublade angebracht ist. In diesem Fall brauchen die Damen und Herren in den blauen Overalls nur die neue Information in die Schublade einzuordnen. Schwieriger wird es, wenn Informationen über ein neues Lerngebiet eingehen. In diesem Fall müssen erst neue Schubladen eingerichtet und mit entsprechenden Stichworten versehen werden, ehe man die Informationen richtig ablegen kann.

Informationen über ein neues Gebiet

In der einen Ecke des Raumes arbeitet einer der Herren noch nicht so präzise und schnell wie die anderen. Er wendet sich auch öfters an die anderen, mit der Bitte um Hilfe. Offensichtlich handelt es sich hier um einen Lehrling. Gerade hält er wieder irritiert ein Blatt in der Hand und weiß offenbar nicht, wie er die darauf geschriebenen Informationen abspeichern soll. Er wendet sich hilfesuchend an einen Kollegen. Wir treten ebenfalls näher und lauschen dem Dialog: Lehrling: "Die Informationen auf diesem Blatt kann ich kaum lesen! Was soll ich tun?" Erfahrener Kollege: "Zeig mal!" Der Lehrling hält ihm das Blatt Papier hin; die Schrift darauf ist kaum zu erkennen. Das Blatt sieht aus wie eine sehr schlechte Fotokopie.

Der erfahrene Kollege schmunzelt: "Das kann ich dir erklären. Hier wird gerade etwas Neues gelernt, und zwar zum ersten Mal. Du mußt wissen, daß, wenn man etwas zum allerersten Mal studiert, die Eindrücke noch nicht besonders tief sind, wie du ja leicht selbst an der Schrift erkennen kannst. Erst wenn dieser Lernstoff wiederholt wird, bekommst du auch ein Informationsblatt mit besserer Schrift.

Je öfter wiederholt wird, desto klarer und besser lesbar wird die Schrift." Lehrling: "Verstehe! Und was soll ich jetzt tun?" Erfahrener Kollege: "Leg das Blatt Papier einfach in unser Ablagefach. Wir wollen hoffen, daß die Information bald wiederholt wird. Dann bekommst du automatisch ein neues Informationsblatt mit besser zu lesender Schrift. Diese Informationen kannst du dann einsortieren."

Führung durch das deklarative Gedächtnis

Wir wenden uns nun von dieser Szene wieder ab, weil es Zeit ist, unseren verabredeten Termin mit der Abteilungsleiterin wahrzunehmen. Es war sehr schwer, dort überhaupt einen Termin zu bekommen, weil die Leiterin eine sehr vielbeschäftigte Frau zu sein scheint. Für unser Buch hat sie sich trotzdem für eine kurze Führung zur Verfügung gestellt. Nun steht uns eine mittelgroße, leicht angespannt wirkende Frau gegenüber. (Sie trägt keinen blauen Overall, sondern ein geblümtes Kleid.) Ihr Name ist Jutta Mnemo. Frau Mnemo begrüßt uns mit ein paar einleitenden Worten:

"Ich darf Sie in unserem deklarativen Gedächtnis herzlich willkommen heißen." - "Wie bitte?" - "Wir befinden uns hier", so wiederholt sie, "in einem von zwei Teilbereichen des Gedächtnisses, dem sogenannten deklarativen Gedächtnis. Hier sind Fakten gespeichert." - "Und wie heißt der andere Teilbereich?" - "Das", erläutert Frau Mnemo weiter, "ist das sogenannte prozedurale Gedächtnis. Hier sind Verhaltensweisen und Handlungsabläufe gespeichert wie Fahrradfahren oder Schnürsenkelbinden."

Wir wollen uns natürlich auch diesen Bereich des Gedächtnisses etwas genauer ansehen. Frau Mnemo öffnet uns auf unsere Bitte hin eine Tür mit der Aufschrift 'prozedurales Gedächtnis'.

Unser prozedurales Gedächtnis

"Es war sehr arbeitsaufwendig, Informationen in diesem Raum zu speichern", erläutert sie uns, während wir uns umsehen. "Viele Dinge in diesem Raum wurden eingerichtet, als der Chef noch sehr jung war, zum Beispiel der ganze Bewegungsablauf des aufrechten Ganges. Wir haben hier hart gearbeitet, bis die entsprechenden Bewegungsabläufe endlich richtig gespeichert waren. Oder als der Chef lernte, sich die Schnürsenkel selbst zu binden. Auch das war eine Menge Arbeit. Wenn Sie diese Speicherungsarbeit jedoch einmal erledigt haben, läuft es für den ganzen Rest des Lebens automatisch ab. Dann haben wir damit kaum noch etwas zu tun. Aber bis das erst einmal geschafft ist..."

Frau Mnemo ist ins Erzählen gekommen. Es tut ihr augenscheinlich gut, in uns endlich einmal einen verständnisvollen und guten Zuhörer zu finden, dem sie auch ihre Sorgen und Nöte anvertrauen kann. "Einmal", so erzählt sie weiter, "gab es sogar fast einen Streik. Das war, als der Chef mit dem Rauchen anfing."

Die Speicherung von Gewohnheiten

Aus der Schilderung von Frau Mnemo können wir uns gut vorstellen, was damals los gewesen sein muß. Sie berichtet uns, wie der "Chef" (so nennt sie den Gedächtnisinhaber) im Alter von 13 Jahren seine erste Zigarette rauchte: "Der ganze Körper war damals in Aufruhr, und die Organe haben gegen das Gift vehement protestiert. Aber es nützte alles nichts. Der Chef hat weitergemacht. Schließlich hatte er das Rauchen so oft wiederholt, daß wir es als Gewohnheit im prozeduralen Gedächtnis speichern mußten. Meine Männer wollten erst nicht und waren kurz davor, die Arbeit niederzulegen. Ich mußte ihnen erklären, daß wir die unbedingte Anweisung haben, jede Gewohnheit, ganz gleich wie gut oder schlecht sie sein mag, im prozeduralen Gedächtnis zu speichern. Eine moralische Wertung steht uns einfach nicht zu. Das ist Chefsache."

Während wir aufmerksam der Schilderung von Frau Mnemo gelauscht haben, taucht in uns die Frage auf, ob wir trotz dieser intensiven Speicherung eine Gewohnheit wieder ändern können. Wir fragen die Expertin.

Das Ändern von Gewohnheiten

"Grundsätzlich ja", antwortet Frau Mnemo, "aber das ist schwierig. Jede Gewohnheit hat sich über Jahre, manchmal Jahrzehnte eingeschliffen und ist in unserem prozeduralen Gedächtnis tief gespeichert. Es erfordert schon einige Disziplin, um sie wieder zu ändern. Es geht einfacher, wenn der Chef lernt, mit Gedankenbildern zu arbeiten. Dann können wir hier oben in seinem prozeduralen Gedächtnis die Speicherung leichter wieder ändern."[1]

---

[1] Das Steuern von inneren Gedankenbildern ist eine wichtige Technik der Spaßlerndenk-Seminare, die im Anhang (S. 170 ff.) näher beschrieben werden.

Unser deklaratives Gedächtnis

Wir verlassen nun das prozedurale Gedächtnis und gehen noch einmal zurück in das deklarative Gedächtnis, den Raum mit den vielen systematisch geordneten Informationen in den einzelnen Schubladen.

"Hier haben Sie sich ja schon umgesehen", sagt sie zu uns. "Ich darf Ihnen noch einiges genauer erklären. Unser deklaratives Gedächtnis ist der Ort, wo wir Daten und Fakten speichern. Wir unterscheiden allerdings in diesem Raum noch etwas genauer. Auf dieser Seite des Raumes", sie zeigt auf eine Wand, die von oben bis unten aus Schubladen mit Stichworten besteht, "haben wir das semantische Gedächtnis eingerichtet. Hier sind alle Daten und Fakten über die Welt gespeichert, die der Chef im Laufe seines Lebens gelernt hat und die mit ihm selber nichts zu tun haben. Hier gegenüber",- sie weist auf eine andere Wand, die ähnlich aussieht -, "haben wir das episodische Gedächtnis. Hier sind alle persönlichen Lebensdaten des Chefs gespeichert."

Unser episodisches Gedächtnis

Wir schauen uns die Stichworte auf den Schubladen an dieser Wand etwas genauer an und erkennen Beschriftungen wie "mein schönster Urlaub" und "meine erste Liebe". Wir widerstehen der Versuchung, diese Schublade einmal herauszuziehen und dort genauer nachzulesen. Wir möchten nicht indiskret sein. Im episodischen Gedächtnis sind also autobiographische Daten des Gedächtnisinhabers gespeichert.

Oft wird doppelt gespeichert...

"Natürlich", erklärt Frau Mnemo uns, "speichern wir die Informationen oft doppelt. Fakten, die Sie im semantischen Gedächtnis finden, finden Sie oft auch unter einem persönlichen Lebensstichwort im episodischen Gedächtnis. Um uns zu demonstrieren, was sie meint, zieht sie die Schublade mit dem Stichwort "meine erste Liebe" heraus und zeigt uns, daß sich dort einiges an Informationsmaterial befindet, das mit dem Stichwort "Erdkunde" aus dem semantischen Speicher übereinstimmt. "Die erste große Liebe des Chefs, müssen Sie wissen, war nämlich seine Erdkundelehrerin. Auf diese Weise ist viel Wissen doppelt gespeichert und natürlich hier wie dort abrufbar. Nur das Stichwort ist jeweils ein anderes."

...und der Abruf ist leichter möglich

"Aha", sagen wir, "wenn ich also eine Information suche, so kann ich sie durchaus auch unter einem Stichwort finden, das mit der Information direkt nichts zu tun hat." - "Richtig", antwortet Frau Mnemo. "Fakten, die Sie lernen, verbinden sich ja automatisch mit Ihren persönlichen Lebensdaten, und wenn Sie dort nachschauen, finden Sie auch oft das Wissen aus dem deklaratorischen Gedächtnis." - "Das ist ja wunderbar", rufen wir, "dadurch wird es ja viel leichter, Informationen abzurufen!" - "Genau", antwortet Frau Mnemo. Dann wird ihre Stimme leiser, und sie rückt etwas näher an uns heran. "Bitte erzählen Sie nicht weiter, was ich Ihnen jetzt sage: Wenn der Chef wenigstens das wüßte, was Sie jetzt wissen, dann könnten wir schon viel leichter und schneller die Informationen finden, die er oft verzweifelt sucht. Leider hat der Chef keine Ahnung, wie die Dinge in seinem Kopf funktionieren, und es hat ihm ja auch niemand beigebracht."

Sinnvolle Nutzung des Gedächtnisses

Frau Mnemo erscheint plötzlich verzweifelt. "Wenn doch nur", jammert sie, "der Chef einmal irgendwo lernen würde, wie man lernt, das heißt, wie man Informationen richtig speichert und wie man sie in Prüfungssituationen auch wieder abrufen kann!" - "Deswegen sind wir hier", antworten wir. "Können Sie uns ein paar Tips geben?"

"Meine Leute und ich haben einige Punkte ausgearbeitet, von denen wir uns wünschen, daß möglichst viele Menschen sie umsetzen. Wir haben diese Punkte in Form eines Forderungskataloges formuliert." - "Her damit!" sagen wir. Frau Mnemo holt schnell ein Papier, auf dem folgende Punkte stehen:

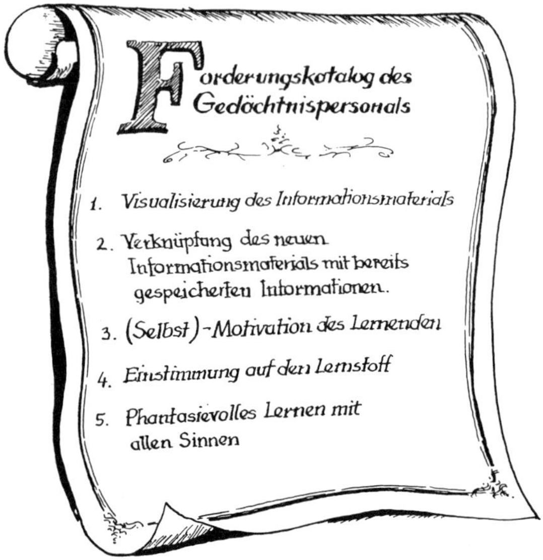

Wir bitten sie, diesen Forderungskatalog etwas näher zu erläutern. Frau Mnemo beginnt mit dem ersten Punkt: Visualisierung des Informationsmaterials.

Kapitel 2

Wie wir Informationen visualisieren

"Es ist elementar wichtig, daß wir uns jeden Lernstoff unbedingt visualisieren, das heißt, ihn uns bildhaft vorstellen! Die Speicherung geht sehr viel leichter und schneller, und auch der Abruf der Information geht viel einfacher!"

Frau Mnemo beschreibt uns im folgenden den Arbeitsablauf in unserem Gedächtnis, wenn eine Information bildhaft gespeichert wird:

"Das Paket, das Herr Kurz in sein Kurzzeitgedächtnis bekommt, trägt dann die Aufschrift: "Wichtig, unbedingt weiterleiten!" Das stellt sicher, daß das Paket nicht schon vorher von Herrn Kurz durch die Klappe in den Keller befördert wird. Versuchen Sie übrigens einmal, dort eine Information zu finden! Bei der schlechten Beleuchtung und bei der Unordnung, die dort herrscht! Da brauchen sie Wochen und Monate, um etwas wiederzufinden!" (Frau Mnemo hat sich in Rage geredet.)

Der direkte Weg zum Langzeitgedächtnis

"Wenn der Chef aber bildhaft speichert", fährt sie fort, "landet das Paket garantiert bei uns. Manchmal kommen solche Pakete sogar direkt zu uns, ohne den üblichen Dienstweg über das Kurzzeitgedächtnis einzuhalten. Mit solchen Paketen arbeiten wir hier im Langzeitgedächtnis besonders gerne. Es enthält eine doppelte Speicherung der Information: In dem Paket sind dann zwei Bögen Papier statt nur einem wie sonst. Auf dem einen Blatt ist die zu speichernde Information als Wort verzeichnet, auf dem anderen Blatt noch einmal als Bild. Das ist eine sehr intensive Speicherung, die wir hier sofort verstehen und gleich bei uns einordnen können. Wir brauchen dann die eingehende Information nicht noch erst in unserem Ablagekörbchen zu deponieren, sondern können sie gleich einsortieren."

Visualisierung mit Hilfe des geistigen Bildschirms

Das erscheint uns sehr einleuchtend. Wir sollten uns also eine Art "Kopfkino" einrichten. Zunächst brauchen wir einen Bildschirm für dieses Kino. Frau Mnemo empfiehlt uns, leicht nach oben zu schauen und uns außerhalb unseres Körpers in etwas Abstand einen geistigen Bildschirm vorzustellen. Durch das leichte Wenden der Augen nach oben (etwa 20 Grad über der Horizontalen) entspannen wir die Augen. Auf diesem geistigen Bildschirm lassen wir jetzt eine kauende Kuh erscheinen.

Machen Sie bitte mit: Schließen Sie die Augen, wenden Sie sie leicht nach oben und stellen sich jetzt auf Ihrem geistigen Bildschirm eine kauende Kuh vor!

"Es ist übrigens nicht wichtig, etwas zu *sehen*", erklärt Frau Mnemo. "Es reicht, wenn Sie sich die Bilder vorstellen, das heißt, tun Sie so, als ob dort eine kauende Kuh wäre!"

Visualisierung abstrakter Begriffe

Das war recht einfach. Wie aber steht es mit abstrakten Begriffen? Erinnern wir uns noch einmal an die verschiedenen Systeme des Langzeitgedächtnisses.

Dort gibt es das prozedurale Gedächtnis, in dem Handlungen und Bewegungsabläufe gespeichert werden. Dann gibt es das deklarative Gedächtnis, um Daten und Fakten zu speichern. Das deklarative Gedächtnis wiederum besteht aus zwei Bereichen: dem semantischen Gedächtnis (für Fakten ohne persönlichen Bezug) und dem episodischen Gedächtnis (für Fakten aus dem Leben des Gedächtnisinhabers).

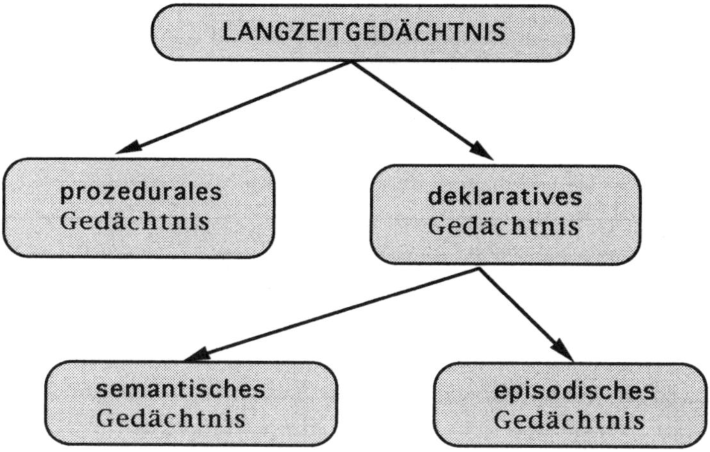

Wie sollen wir diese Begriffe nun bildhaft speichern? Frau Mnemo hilft uns. "Das prozedurale Gedächtnis speichert Bewegungsabläufe. Wir sehen den Gedächtnisinhaber (oder uns selber) mühsam das Fahrradfahren erlernen. Wir sehen auf dem geistigen Bildschirm, wie wir immer wieder mit dem Fahrrad hinfallen und es wieder neu versuchen. Bei jedem neuen Versuch hören wir uns sagen: "Das ist aber eine Prozedur!" Schließlich haben wir es geschafft. Wir fahren stolz mit dem Fahrrad durch die Gegend und machen uns klar, daß sich jetzt die Bewegungsabläufe immer mehr automatisieren. "Das war eine Prozedur!" sagen wir noch einmal.

Der zweite Hauptspeicher ist das deklarative Gedächtnis für Fakten. Wir stellen uns vor, uns mit jemandem zu streiten, an welchem Datum der Zweite Weltkrieg offiziell beendet wurde. Wir sehen auf unserem geistigen Bildschirm, wie wir mit wissender Miene zu unserem Gegenüber sagen: "Darf ich Ihnen die Fakten *deklarieren*!" Im deklarativen Gedächtnis sind historische Fakten gespeichert.

Jetzt brauchen wir uns nur noch die letzte Unterscheidung einzuprägen. Hier hilft noch einmal die Übersicht:

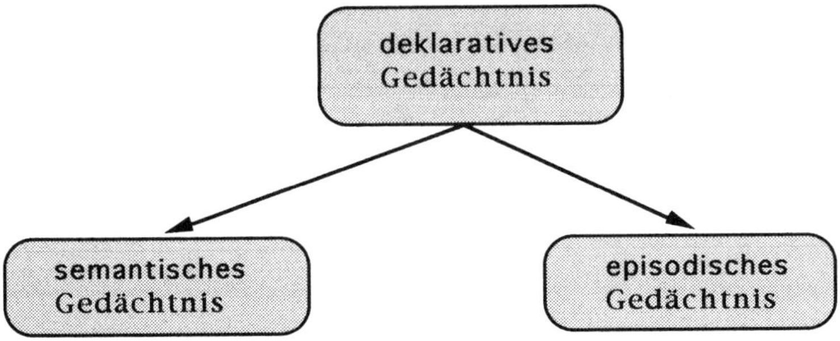

Im semantischen Gedächtnis sind Fakten gespeichert, zu denen wir keinen persönlichen Bezug haben. Das Wort "semantisch" erinnert uns an "romantisch". Wir stellen uns also vor, das Wort "romantisch" zu schreiben und die ersten beiden Buchstaben zu verbessern.

se
~~ro~~mantisch

Im episodischen Gedächtnis sind persönliche Lebensdaten des Gedächtnisinhabers gespeichert. Wir stellen uns also vor, auf einer Party zu sein und zu sagen: "Darf ich euch eine persönliche *Episode* aus meinem Leben erzählen!"

Visualisieren lohnt sich

"Das ist aber sehr aufwendig", sagen wir zu Frau Mnemo. Sie tröstet uns. "In unserem Gehirn laufen mit ein bißchen Übung solche Prozesse natürlich viel schneller ab, als man sie beschreiben kann. Vor allem aber ist eine visuelle Speicherung die effektivste aller Speicherungsmöglichkeiten! Ein bißchen Phantasie einzusetzen, um sich ein gutes geistiges Bild zu schaffen, lohnt sich also in jedem Fall. Und bedenken Sie: Eine visuelle Speicherung ist bereits nach ganz wenigen Wiederholungen fest in unserem Langzeitgedächtnis gespeichert. Oft 'sitzen' solche Bilder sogar direkt. Die Alternative ist stumpfsinniges Pauken der Begriffe: semantisches Gedächtnis, semantisches Gedächtnis, semantisches Gedächtnis, semantisches Gedächtnis, semantisches Gedächtnis, semantisches Gedächtnis, semantisches Gedächtnis ...

Das wollen Sie doch vermeiden, oder?"

Die Technik des Visualisierens ist alt

"Die Technik des Visualisierens ist seit Jahrhunderten bewährt", erzählt Frau Mnemo weiter. "Schon die alten Römer haben sich mit ihrer Hilfe Dinge leichter gemerkt. Der berühmte römische Dichter Cicero berichtet von folgendem Ereignis:

Der Dichter Simonides wurde einst zu einem Festbankett geladen, um ein lyrisches Gedicht vorzusingen. Nach dem Gedicht ging Simonides für einen Moment nach draußen. Als er gerade die Halle verlassen hatte, stürzte das Dach ein und begrub die ganze Festgemeinde unter den Trümmern. Als es später darum ging, die Toten zu identifizieren, stellte sich Simonides bildhaft die Sitzordnung der einzelnen Gäste vor und konnte so jeden einzelnen Toten identifizieren.

Ein Gedächtnisschlüssel als Hilfe

"Als weitere Hilfe schlage ich Ihnen einen Gedächtnisschlüssel vor", fährt Frau Mnemo fort. "Ein Gedächtnisschlüssel zeigt, wieviel wirkungsvoller es ist, ein Bild zu speichern, als sich nur ein Wort einzuprägen. Außerdem können wir durch einen Gedächtnisschlüssel Informationen systematisch einordnen und schnell wieder abrufen.

Der Gedächtnisschlüssel schafft Ordnung

Stellen Sie sich vor, Sie ziehen in eine neue Wohnung um. Leider werden Ihre Schränke und Regale erst später geliefert, so daß Sie eine Weile aus Ihren Umzugskisten leben müssen. Wie erleichtert sind Sie, wenn Sie endlich die gelieferten Schränke aufstellen können, um danach z.B. Ihre Schreibtischutensilien systematisch in Schubladen einzusortieren.

Ein Gedächtnisschlüssel hat die gleiche Funktion wie diese Schubladen. Durch einen solchen Schlüssel wissen wir genau, wo wir die Information ablegen sollen. Natürlich können wir Sie dann auch entsprechend schnell wiederfinden. Um unseren Gedächtnisschlüssel zu bilden, verknüpfen wir eine Zahl mit einem Buchstaben und einem Bild.

Wir speichern unter der Zahl Eins den Buchstaben "T" und als Bild ein Glas mit Tee. Wenn wir die Verbindung zwischen der Zahl Eins und dem Glas mit Tee in unserem Gedächtnis fest verankert haben, wird der Rest sehr einfach. Wenn wir uns unter der Eins z.B. ein Auto merken sollen, dann verknüpfen wir das Auto bildhaft mit dem Glas Tee, z. B. indem wir uns vorstellen, daß das Glas mit Tee als Kühlerfigur vorne auf dem Auto befestigt ist. Hier ist der komplette Gedächtnisschlüssel von Eins bis Neun[1]:

1 = T = Glas mit Tee

2 = N = **Noah mit langem weißem Bart**

[1] Dieser Gedächtnisschlüssel stammt von dem amerikainischen Gedächtnisforscher Dr. Bruno Furst, illustriert nach Ideen des Autors.

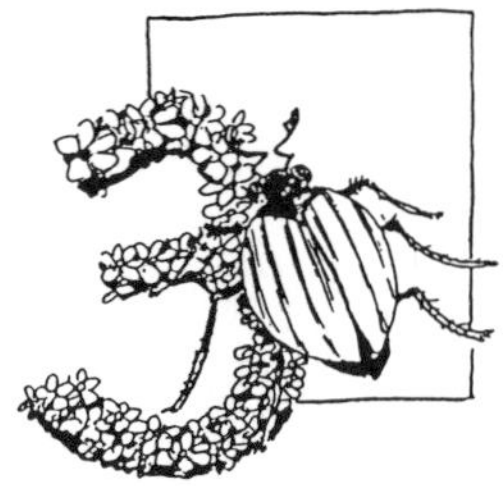

3 = M = Mai, z.B. Maikäfer

4 = R = Reh

5 = L = Löwe

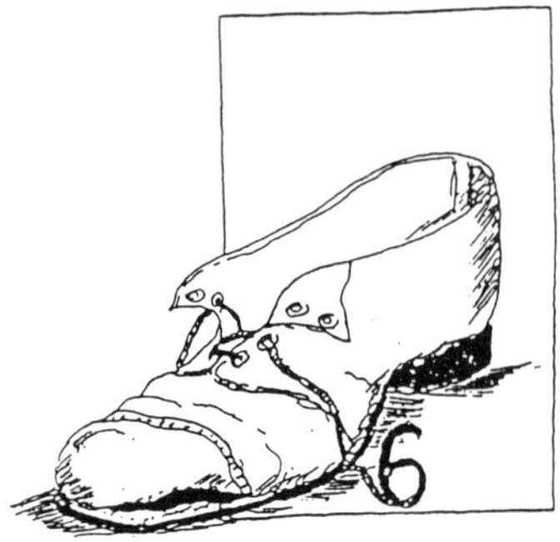

6 = Sch = Schuh

7 = K = Kuh

8 = F = Fee

9 = B = Bau

Der Gedächtnisschlüssel ist ausbaufähig

Um diesen Gedächtnisschlüssel weiter auszubauen, benutzen wir nun die Buchstaben. Die Zahl Zehn besteht aus den Ziffern Eins und Null. Die Ziffer Eins hatten wir mit dem Buchstaben T verknüpft. Die Ziffer Null muß noch ergänzt werden. Sie steht für S oder Z. Aus der Ziffernkombination von 1 und 0 wird nun die Buchstabenkombination T und S. Das Stützbild für 10 lautet "Tasse".

Entsprechend können wir nun weiter kombinieren. Die Zahl 11 besteht aus der Ziffernkombination 1 und 1. Da wir für 1 den Buchstaben T eingeprägt haben, ergibt sich also die Buchstabenkombination T und T. Als Stützbild ergibt sich dann zum Beispiel das Wort "Tüte". Für die Zahl 12 (Buchstabenkombination T und N) können wir das Stützbild "Tanne" bilden. Für die Zahl 13 (Buchstabenkombination T und M) das Stützbild "Tom", z.B. Tom Sawyer aus dem Roman von Mark Twain usw.[1]

[1] Diese Kombinationsmöglichkeiten zeichnen gerade diesen Gedächtnisschlüssel gegenüber anderen, ähnlichen Schlüsseln aus. Eine Gesamtübersicht mit den Gedächtnisschlüsseln von 1 - 99 findet sich im Anhang. (S. 185 ff.)

Wir danken Frau Mnemo für die hilfreichen Tips. Mit ein bißchen Training[1] können wir bald im Fernsehen auftreten ...

[1] Wenn Sie das Visualisieren weiter üben wollen, sei Ihnen das Buch "Stroh im Kopf?" von V. Birkenbihl empfohlen.

Kapitel 3

Wie wir Informationen verknüpfen

Frau Mnemo ist schon bereit, um uns den zweiten Punkt ihres Forderungskataloges zu erläutern:

"Neue Informationen sollten mit bereits gespeicherten Informationen verknüpft werden", erklärt sie. "Das erleichtert uns hier im Gedächtnis erheblich die Arbeit. Wenn wir wissen, unter welchem Stichwort wir die neue Information abspeichern sollen, können wir sie viel leichter einsortieren und vor allem: Wir können sie leichter wiederfinden."

Je verrückter die Verknüpfung, desto besser

"Denken Sie immer daran, daß wir hier im Gedächtnis auch nur Menschen sind und uns schnell langweilen. Wie jeder Mensch, so lieben auch wir das Originelle und Ungewöhnliche. Wir arbeiten dann viel besser." Frau Mnemo gibt uns ein Beispiel:

"Als der Chef einmal als Etagenkellner gearbeitet hat, da hatten wir hier wirklich ein großes Problem. In dem Hotel, in dem er arbeitete, wurde größter Wert darauf gelegt, daß jeder Zimmergast mit seinem Namen angesprochen wurde. Die einzige Unterlage, um sich die Namen einzuprägen, war ein Zimmerbelegungsplan. Dort stand, welche Zimmernummer durch welchen Gast belegt war. Der Chef hatte am Anfang die größten Schwierigkeiten, sich die Zimmernummern mit den entsprechenden Namen zu merken. Schließlich hatte er eine geniale Idee für eine Verknüpfung. Er hat einfach so getan, als ob jeder Zimmergast ihm eine bestimmte Summe Geldes schuldete. Diese Summe war natürlich genau die Zimmernummer des betreffenden Gastes. So hat er sich gemerkt, daß Herr Wagner ihm 203 EURO schuldet, während Herr Schröder nur 186 EURO an ihn zu zahlen hatte.

Das klappte! Wir haben uns hier im Gedächtnis köstlich amüsiert, und es gab keine Probleme mehr, die Namen und die Zimmernummern zu verknüpfen.

So merken wir uns Namen leicht

Überhaupt ist ja das Merken von Namen ein Thema für sich", fährt Frau Mnemo fort, "so daß ein paar zusätzliche Tips an dieser Stelle nicht schaden können.

Jeder Mensch hört es gerne, wenn er mit seinem Namen angesprochen wird. Indem wir einen Menschen bei seinem Namen nennen, haben wir eine einfache Möglichkeit, unsere Wertschätzung für diesen Menschen auszudrücken. Es lohnt sich, hier ein wenig geistige Energie zu investieren. Bedenken Sie: Die meisten Menschen merken sich Namen nicht. Wenn Sie hier nur ein bißchen Einsatz zeigen, können Sie leicht angenehm auffallen.

Grundsätzlich sollten wir, wenn wir uns Namen merken, die grundlegenden Prinzipien anwenden, nach denen unser Gedächtnis arbeitet. Wo immer wir können, sollten wir einen Namen visualisieren und ihn mit bereits bekannten Informationen verknüpfen."

Nehmen wir als Beispiel den Namen des Autors dieses Buches. Er heißt Marius Ebert. Diese neue Information verknüpfen wir jetzt mit bereits gespeicherten Informationen aus der Geschichte. Der erste Reichspräsident hieß auch 'Ebert'. Das ist bereits eine Verknüpfung. Wir können noch intensiver speichern, indem wir zusätzlich visualisieren. Wir stellen uns eine Büste des Reichspräsidenten vor und verändern sein Gesicht zu dem Gesicht, das wir uns merken wollen.

Auch den Vornamen können wir leicht verknüpfen, wenn uns der historische Feldherr Marius noch aus dem Geschichtsunterricht bekannt ist. Sollte das nicht der Fall sein, nehmen wir einfach den Sänger Marius Müller-Westernhagen.

Das Visualisieren von Namen

Besonders einfach ist es, Namen zu visualisieren, wenn diese Namen für Berufe stehen. Heißt jemand Schneider, Müller oder Bäcker, so können wir uns leicht ein Bild machen.

Etwas weniger leicht ist es, wenn jemand zum Beispiel "Kaminski" heißt. Aber mit etwas Phantasie kann auch hier schnell ein Bild vor unserem geistigen Auge entstehen. Wir sehen einen Kamin mit einem Ski darin stecken. Dazu können wir uns jetzt noch vorstellen, daß Herr Kaminski versucht, den Ski aus dem Kamin herauszuziehen.

Wenn uns einmal zu einem Namen kein direktes Bild einfällt, so können wir uns anders helfen. Wenn uns zum Beispiel der Name "Köster" Schwierigkeiten bereitet, so stellen wir uns zum Beispiel diesen Herrn Köster beim Essen vor und hören ihn ausrufen: "Wie köstlich!" Wir können uns natürlich auch vorstellen, daß er das Wort falsch ausspricht und sagt: "Wie *kösterlich* !"

Bei dieser Szene haben wir eine Visualisierung und zusätzlich noch eine akustische Verknüpfung eingesetzt.

Das Merken von Vornamen

Besonders einfach haben wir es, wenn wir uns nur die Vornamen einprägen wollen. Viele Vornamen kommen häufig vor, so daß wir meistens schon einen Stefan oder eine Maria kennen, wenn wir einen Menschen mit dem gleichen Namen kennenlernen. In diesem Fall stellen Sie sich einfach alle Marias, die Sie schon kennen, wie auf einem Gruppenphoto vor und stellen die "neue Maria" einfach bildhaft dazu.

Der Schlüssel zum Erfolg: Aufmerksamkeit und Konzentration

"Bevor wir einen Namen überhaupt speichern können, ist es zunächst einmal wichtig, ihn aufmerksam wahrzunehmen", sagt Frau Mnemo. "Manchmal werden Namen nur undeutlich ausgesprochen, so daß wir ihn gar nicht richtig verstehen können. Niemand nimmt es Ihnen übel, wenn Sie in solch einem Fall noch einmal nachfragen: 'Entschuldigung, ich habe Ihren Namen nicht richtig verstanden ...'. Wiederholen Sie dann schon während des Gespräches mehrfach den Namen, indem Sie Ihren Gesprächspartner gleich persönlich ansprechen. Das wirkt gut auf ihn und hilft Ihnen, sich allein durch die Wiederholung den Namen gut zu merken.

Konzentrieren Sie sich während des Gesprächs oder kurz danach einen Moment, um den Namen zu visualisieren und in Ihrem Gedächtnis zu verknüpfen. Diese Mühe lohnt sich! Es gibt kaum etwas, das anderen Menschen mehr imponiert, als wenn Sie sich auch noch nach Monaten an den jeweiligen Namen erinnern können und diese Menschen bei einem Wiedersehen gleich mit ihren Namen ansprechen können."

Präsident Kennedys Trick

Um zu visualisieren und zu verknüpfen, gibt es zu den oben genannten Beispielen noch einen weiteren Kniff, der dem amerikanischen Präsidenten J. F. Kennedy zugeschrieben wird. Die Legende erzählt, daß er ein phänomenales Namensgedächtnis gehabt haben muß, weil er Menschen, die er nur einmal gesehen hatte, auch nach Jahren noch richtig mit ihrem Namen ansprechen konnte.

Die Legende erzählt weiter, daß Kennedy zu seinen Lebzeiten nie verraten wollte, wie er diese beeindruckende Fähigkeit erreichte. Nach seinem Tode wurde jedoch sein Geheimnis bekannt. Er hatte sich - so wird erzählt - jeden neuen Menschen, den er kennenlernte, in Sträflingskleidern vorgestellt. Auf seinem geistigen Bildschirm sah er also jeden Menschen in den gestreiften Sträflingskleidern mit aufgenähtem Namen.

Das war eine sehr intelligente Verknüpfung. Wenn er das Gesicht dieses Menschen sah, fiel ihm der Name wieder ein, denn er hatte ja auf seinem geistigen Bild beides miteinander verknüpft. Umgekehrt konnte er, wenn er den Namen des Menschen nur hörte, zum Beispiel am Telefon, das Gesicht dieses Menschen wieder abrufen.

Man sollte Ihren Namen kennen

Wenn Sie einen Beruf haben, bei dem es darauf ankommt, bekannt zu sein, dann präsentieren Sie Ihren Namen am besten gleich so, daß Ihr Gegenüber ihn sich leicht merken kann. Geben Sie ihm eine Visualisierung oder eine Verknüpfung oder am besten gleich beides mit, wenn Sie sich vorstellen.

Zum Beispiel: Mein Name ist Ebert, wie der Reichspräsident.

Mein Name ist Schramm, wie Schramme ohne e.

Auch hier gilt das Prinzip: je verrückter die Verknüpfung, desto besser. Seien Sie also ruhig ein bißchen mutig.

Kapitel 4

Wie wir uns selbst motivieren

Frau Mnemo steht schon wieder bereit, um uns ihre dritte Forderung zu erläutern. Mit lauter Stimme ruft sie: "Der Chef muß sich darüber klar sein, warum er lernt, das heißt, er muß entweder durch andere motiviert werden, oder er muß sich selber motivieren!"

"Es ist doch so", erklärt sie weiter, "wenn der Chef motiviert ist, dann sind auch wir, seine Mitarbeiter, motiviert. Leider gibt es (noch) zu wenige Lehrer, die ihre Schüler tatsächlich auch motivieren können. Ein guter Lehrer sollte seinen Schülern immer klarmachen, warum der Lernstoff wichtig ist. Hier sind allerdings Phrasen völlig unangebracht. Der Satz 'Das braucht man später im Leben' hat noch keinen Schüler motiviert. Die Motivation sollte so aussehen, daß der Lernende für sich persönlich im Lernen einen Vorteil erkennen kann. Vielleicht hat Sie zum Beispiel das Fach Französisch in der Schule nicht besonders interessiert. Wahrscheinlich hat sich Ihr Interesse aber dann schlagartig gesteigert, als plötzlich in Ihrer Straße ein attraktives französisches Mädchen einzog, das leider nur wenige Worte Deutsch konnte. Wenn wir motiviert sind, lernen wir leichter und schneller."

Selbstmotivation: Wir sollten wissen, warum wir lernen

Frau Mnemo fährt fort: "Oft ist der Lernende auf sich selbst gestellt und muß sich selber motivieren. Die erste Frage, die wir uns dann stellen sollten, lautet: Warum lerne ich, das heißt, was will ich damit erreichen? Hier hat es sich sehr bewährt, sich bereits im Endzustand des Erreichten bildhaft zu sehen! Schaffen Sie sich also auf Ihrem geistigen Bildschirm ein entsprechendes Bild. Gestalten Sie dieses Bild möglichst emotionsgeladen. Sehen Sie zum Beispiel, daß Ihnen unter rauschendem Applaus Ihr Diplom überreicht wird. Stellen Sie sich vor, daß Sie zusammen mit Freunden ein Fest feiern, auf dem Ihnen jeder seine Anerkennung für Ihre hervorragende Leistung ausspricht. Und, wie gesagt: Empfinden Sie bereits im vorhinein die Freude über Ihren Erfolg!

Rufen Sie dieses Zielbild auf Ihrem geistigen Bildschirm möglichst oft in Ihre Erinnerung. Geistige Vorstellungsbilder haben eine große Kraft!"

Selbstmotivation durch innere Bilder

"Alle Diplome oder Zeugnisse, nach denen wir streben, erfordern unser Durchhaltevermögen. Ein großes Ziel besteht aus vielen kleinen Etappen, die zu bewältigen sind. Dabei müssen wir manchmal auch Durststrecken überwinden. Erinnern Sie sich noch an den 'Tanz um den Schreibtisch', der zu Beginn des Buches beschrieben wurde? Wenn wir einmal wieder um den Schreibtisch herumtanzen, so ist es zunächst hilfreich, an unser großes Ziel zu denken und es lebendig werden zu lassen. Entspannen Sie sich also, atmen Sie ein paarmal tief ein und aus, und rufen Sie auf Ihrem geistigen Bildschirm noch einmal die Szene wach, wie Ihre Eltern vor Stolz Freudentränen vergießen, weil Sie die Prüfung mit Auszeichnung bestanden haben!

© Dr. Marius Ebert

Danach geben Sie sich eine klare Zielanweisung, indem Sie sich vorstellen, an Ihrem Schreibtisch zu sitzen und zu lernen. Nun öffnen Sie die Augen und folgen Ihren Gedankenbildern!"

Einstieg mit dem leichtesten Schritt

"Beginnen Sie dann Ihre Arbeit mit einer Tätigkeit, die Ihnen persönlich leichtfällt. Sagen Sie sich *nicht,* daß Sie jetzt den gesamten Stoff der letzten beiden Wochen wiederholen und lernen wollen, sondern sagen Sie sich, daß Sie nur mal die Unterlagen der letzten Unterrichtsstunde überfliegen wollen.

Wenn Sie hier den Einstieg geschafft haben, werden Sie sehen, daß es Ihnen tatsächlich gelingen kann, den Stoff der letzten beiden Wochen zu wiederholen. Es kommt also darauf an, durch eine leichte Tätigkeit 'einzusteigen'."

Selbstmotivation durch eine konstruktive Sprache

"Außerdem", erläutert Frau Mnemo weiter, "beeinflußt das Bild, das wir von uns selber haben, unseren Lernerfolg. In diesem Selbstbild zeigt sich, was wir uns selber zutrauen. An diesem Selbstbild können wir zusätzlich arbeiten, wenn wir auf die sprachlichen Formulierungen achten, die wir verwenden. Statt sich darauf zu konzentrieren, was man noch nicht kann, sollte man sich darum kümmern, *was man schon kann.* Statt zu sagen: 'Ich habe mal wieder nur die Hälfte verstanden', formuliert man besser: 'Eine Hälfte des Stoffes ist mir schon klar.'

Vermeiden Sie auch Formulierungen wie: 'Ich habe dieses oder jenes vergessen' ", rät uns Frau Mnemo weiter. "Während wir hier im Gedächtnis fieberhaft nach der Information suchen, müssen wir uns anhören, daß der Chef es angeblich vergessen hat! Das ist natürlich äußerst frustrierend! Wenn wir eine solche Formulierung hören, dann verzichten wir sofort auf eine weitere Suche. Ganz anders reagieren wir, wenn wir hören, wie der Chef sagt: 'Das fällt mir im Moment nicht ein, kommt aber gleich zurück.' Dann suchen wir weiter, und - glauben Sie mir - wir finden die Information!

Besser motiviert sind Sie auch, wenn Sie das Lernen selber möglichst phantasievoll und abwechslungsreich gestalten", sagt Frau Mnemo.

"Dies ist der fünfte Punkt meines Forderungskataloges, den ich Ihnen später erläutern möchte."

Selbstmotivation durch Erstellen eines Bezuges

"Oft hört man von Lernenden, daß ihr Lerngebiet so 'trocken' sei und sie deswegen Schwierigkeiten hätten, sich zu motivieren. Erstellen Sie, wo immer es geht, einen persönlichen und lebendigen Bezug zum Lerngebiet. Wenn Sie zum Beispiel Betriebswirtschaft studieren, dann lesen Sie unbedingt den Wirtschaftsteil einer überregionalen Zeitung. Machen Sie sich klar, daß Ihr Gebiet nicht trocken und weltfremd ist, sondern lesen Sie in der Zeitung etwas darüber, auf wie viele Dinge des täglichen Lebens sich wirtschaftliche Zusammenhänge auswirken. Schlagen Sie selber die Brücke zwischen dem Tagesgeschehen und Ihrem theoretischen Lernstoff, wenn dies an der Universität nicht getan wird.

Wenn Sie zum Beispiel lesen, daß die Europäische Zentralbank den Leitzins senkt, dann machen Sie sich anhand dieses praktischen Beispiels nochmals die wirtschaftlichen Zusammenhänge klar, die dahinterstehen. Werden Sie sachkundig, um sich Ihre eigene Meinung bilden zu können und um mitreden zu können. Besichtigen Sie zum Beispiel auch einmal eine Börse, wenn Sie gerade dieses Gebiet durchnehmen. Wenn Sie zum Beispiel Jura studieren, sollten Sie während Ihres Studiums unbedingt einmal bei einer Gerichtsverhandlung zuschauen. Erstellen Sie einen Bezug zum täglichen Leben und zur Praxis, wo immer es geht."

Selbstmotivation durch Selbstbelohnung

"Bestrafen Sie sich nicht, wenn Sie einmal Ihr Pensum nicht erfüllt haben, aber belohnen Sie sich unbedingt von Zeit zu Zeit selber. Kaufen Sie sich eine Kleinigkeit, die Ihnen Freude bereitet, oder gönnen Sie sich einen Theaterbesuch. Oder noch besser, belohnen Sie sich mit Geld, das Sie sich selber nach jeder Lernetappe zahlen."

Selbstmotivation durch einen Vertrag

"Schließen Sie einen Vertrag mit sich selbst", rät Frau Mnemo. "Ein solcher Vertrag könnte folgendermaßen aussehen:

Vertrag mit mir selber *Hiermit verpflichte ich mich mir selbst gegenüber, mir folgende Wissensgebiete sorgfältig einzuprägen:* *1.* .... *2.* .... *3.* .... *4.* .... *5.* .... *Zur gewissenhaften Vertragserfüllung verpflichte ich mich.* *Datum* *Unterschrift*

Unterschreiben Sie diesen Vertrag unbedingt. Wir lernen schon als Kind, daß wir uns an die Dinge halten müssen, die wir unterschrieben haben. Dieses Gedankenmuster können wir also für uns selber nutzen. Es ist sehr wirkungsvoll."

Lernen und Frust?

"Wie kommt es aber", fragen wir Frau Mnemo, "daß wir manchmal das Gefühl haben, beim Lernen überhaupt keinen Fortschritt zu machen, so daß wir manchmal richtig frustriert sind?" - "Unser Lernfortschritt," erklärt Frau Mnemo, "wird uns nicht stetig, sondern stufenweise bewußt. Wenn unser Lernfortschritt stetig wäre, dann sähe das folgendermaßen aus:

© Dr. Marius Ebert

Der Lernfortschritt geschieht stufenweise

Tatsächlich wird uns aber unser Fortschritt nur stufenweise bewußt. Das kann besonders am Anfang frustrierend sein. Man lernt und lernt und hat doch das subjektive Gefühl, gar nicht weiterzukommen. In Wirklichkeit ist natürlich unser Gedächtnispersonal fleißig dabei, die Informationen zu verarbeiten. Es geschieht also auch hier bereits etwas, nur wird es uns noch nicht bewußt. Erst nach einer gewissen Zeit haben wir das Gefühl, auf eine neue Stufe gekommen zu sein. In diesem Moment ist uns unser Lernzuwachs *bewußt* geworden. Wir bleiben nun wieder eine Weile auf dieser Stufe. Die Arbeit in unserem Kopf geht natürlich weiter, bis uns dann wieder nach einer gewissen Zeit unser Fortschritt bewußt wird und wir auf die nächste Stufe kommen. Daher besteht also in der Zeit zwischen dem stufenweisen Fortschritt kein Grund, frustriert zu sein."

Lernstufen

Und so beschreibt Frau Mnemo die verschiedenen Lernstufen:

1. Stufe: Man weiß wenig und man weiß, daß man wenig weiß.

2. Stufe: Man weiß wenig und man glaubt, daß man viel weiß.

3. Stufe: Man weiß viel und man glaubt, daß man wenig weiß.

4. Stufe: Man weiß viel und man weiß, daß man viel weiß.

Zum Lernen gehört das Wiederholen

"Wenn Sie etwas Neues zum ersten Mal aufgenommen haben, so ist der Abdruck in unserem Gedächtnis zunächst noch sehr schwach, wie bei einer schlechten Fotokopie", erklärt Frau Mnemo weiter. "Erst durch das Wiederholen wird die Speicherung intensiver, die Schrift auf der

Fotokopie gewissermaßen immer deutlicher lesbar. Das Wort 'Wiederholen' können wir dabei ruhig wörtlich nehmen. Wir holen das Gespeicherte noch einmal in unser Bewußtsein zurück und lassen es dann wieder in unser Gedächtnis sinken. Je öfter wir die Information wiederholen, desto intensiver wird sie gespeichert. Allerdings muß zwischen Lernen und Wiederholen eine gewisse Zeit liegen. Wir, meine Mitarbeiter und ich, brauchen Zeit, um die Informationen zu speichern. Wenn Sie zu früh wiederholen, dann ist das so, als würden Sie uns hier im Gedächtnis die neuen Unterlagen ständig wieder aus der Hand reißen, um nochmals einen Blick darauf zu werfen."

Wie lange sollte man "am Stück" lernen?

"Schon wenn Sie neue Informationen aufnehmen", fährt Frau Mnemo fort, "hilft es uns sehr, wenn Sie währenddessen immer mal wieder eine kurze Pause von ein paar Minuten machen, damit wir Zeit haben, die Informationen zu verarbeiten. Wenn Sie zum Beispiel einen neuen Text studieren, dann machen Sie am besten nach ca. 20 Minuten eine kurze Pause von ca. 3 Minuten. In diesen drei Minuten sollten Sie zum Beispiel an die frische Luft gehen oder Musik hören, auf jeden Fall etwas tun, das mit dem Lernstoff nichts zu tun hat. Diese drei Minuten können wir im Gedächtnis dann ganz gezielt nutzen.

Zum Lernen gehört Entspannung

Meine Mitarbeiter und ich brauchen Zeit, um die neuen Informationen zu verarbeiten", betont Frau Mnemo noch einmal. "Für den Lernenden ist das sehr angenehm, weil er sich in dieser Zeit mit etwas anderem beschäftigen kann. Der Lernende sollte nach einem Lernnachmittag am Abend zum Beispiel ins Kino oder ins Theater gehen. In dieser Zeit ist sein Wachbewußtsein mit der Vorstellung beschäftigt, und wir hier im Gedächtnis können in Ruhe die Informationen vom Nachmittag verarbeiten. Auch Sport oder Sauna eignen sich sehr, um das Bewußtsein vom Lerngebiet abzulenken und um sich zu entspannen. Am nächsten Tag kann sich der Lernende dann getrost daran machen, den gestrigen Stoff noch einmal zu wiederholen."

Zum Lernen gehört ausreichend Schlaf

"Auch wenn der Lernende schläft, arbeiten wir hier im Gedächtnis weiter, besonders während seiner Träume", sagt Frau Mnemo. "Wir nutzen diese Zeit, um in aller Ruhe die gelernten Informationen abzuspeichern. Gerade in Zeiten, in denen viel gelernt werden muß, wie zum Beispiel vor einem Examen, sollte man sich auch ausreichend Schlaf gönnen. Es gibt viele Studenten, die gerade in dieser Zeit ganze Nächte durcharbeiten. Sie nehmen zwar in dieser Zeit eine Menge Informationen auf, diese können aber von uns nicht vernünftig gespeichert werden und bleiben dann völlig ungeordnet im Gedächtnis liegen.

Lernen in der richtigen Reihenfolge

Es ist also wichtig zu wissen, daß wir, das Gedächtnispersonal, eine gewisse Zeit brauchen, um die neuen Informationen zu speichern", sagt Frau Mnemo. "Am einfachsten wäre es, wenn der Lernende den Lernstoff in eine Reihenfolge bringen würde, die uns im Gedächtnis die Sache einfach macht. Lernt er schon am nächsten Tag etwas Ähnliches wie am Tag davor, so ist das in der Regel keine gute Reihenfolge. Wenn das Material des neuen Tages ähnlich klingt wie das Material, das gerade vom letzten Tag verarbeitet wurde oder noch verarbeitet wird, so sind wir, das Gedächtnispersonal, verwirrt.

Die Wissenschaft spricht von Interferenz und meint damit, daß die gerade gelernten Informationen durch neue Informationen gestört werden und es dadurch zu Verwechslungen kommen kann. Es ist also oft besser, am nächsten Tag etwas zu lernen, das sich von dem vorher Gelernten deutlich unterscheidet. Ein neuer Stoff, der inhaltlich oder auch vom Aufbau her anders ist als der vorherige Lernstoff, kann klar abgegrenzt und besser wieder abgerufen werden."

Kapitel 5

Wie wir uns richtig auf das Lernen einstimmen

"Der nächste Punkt unseres Forderungskataloges", sagt Frau Mnemo, "heißt 'Einstimmung'. Wenn der Chef sich einstimmt, empfangen meine Mitarbeiter und ich im Gedächtnis eine Art Signal. Wir wissen dann nicht nur, daß jetzt gleich neue Informationen bei uns ankommen, sondern wir wissen auch, welcher Art diese Informationen sein werden. Dadurch können wir sie viel schneller und zielgerichteter speichern. Ich empfehle daher, ehe das eigentliche Lernen beginnt, drei tiefe Atemzüge zu nehmen, sich zu entspannen und sich dann innerlich zu sagen:

'Ich werde jetzt diesen Text studieren (nennen Sie Thema, Autor und vielleicht auch ein paar Stichworte), und ich werde mich jederzeit daran erinnern können.'

Wir müssen die Informationen wiederfinden

Jedem leuchtet unmittelbar ein", fährt Frau Mnemo fort, "daß man Daten in einem Computer so speichern muß, daß man sie auch wiederfinden kann. Auch wir sollten im Gedächtnis die Daten so speichern, daß wir sie leicht und schnell wiederfinden können. Hier ist es sehr hilfreich, wenn meine Mitarbeiter und ich vorher durch die Einstimmung wissen, um welches Thema es geht und von welchem Autor der Text stammt. Auch ein paar Stichworte helfen uns, den Stoff besser einzusortieren."

Wir sehen vor unserem geistigen Auge noch einmal unser Langzeitgedächtnis mit den vielen Schubladen und finden das gerade Gesagte sehr einsichtig. "Warum aber", fragen wir, "soll der Name des Autors mitgespeichert werden?" - "Das kann sehr wichtig sein", antwortet Frau Mnemo. "Wenn wir an den Autor denken, fällt uns manchmal der Stoff sehr leicht wieder ein. Wir haben zu Menschen immer einen stärkeren Bezug als zu abstrakten Fakten. Vor allem, wenn Sie einen Vortrag hören und sich entsprechend einstimmen, sollten Sie den Namen des Autors mit einbeziehen.

Den letzten Gedanken festhalten

Wenn Sie das Lernen dann beenden, halten Sie unbedingt den letzten Gedanken oder die letzte Erkenntnis schriftlich fest. Wenn Sie dann am nächsten Tag das Lernen wieder aufnehmen, brauchen Sie nur kurz auf Ihre Notiz zu schauen. Das erspart sehr viel Zeit, weil es sonst manchmal eine Weile dauern kann, bis Sie wieder im Stoff 'drinstecken'. Diese Zeit können Sie einsparen. Wenn Sie sich eine kurze Notiz gemacht haben, dann wissen wir im Gedächtnis sofort, wo und wie es weitergeht.

Codieren und decodieren

Sie sollten sich darüber klar sein", sagt Frau Mnemo, "daß Sie durch Lernen Worte *decodieren.* In der Prüfung aber werden Sie nach dem *Codewort* gefragt."

Wir schauen Frau Mnemo etwas verständnislos an.

"Ich werden Ihnen das genauer erklären. Ein Code ist ja nichts anderes als ein Schlüsselwort. 'Decodieren' bedeutet also 'entschlüsseln'. - Das hätten wir auch noch gewußt. Was aber hat das mit dem Lernen zu tun? - "Lassen Sie mich ausführlich erklären", sagt Frau Mnemo. "Ich möchte Ihnen zunächst zeigen, wie eine Codierung arbeitet. Stellen Sie sich vor, ich würde einen ganz bestimmten Menschen folgendermaßen beschreiben:

Ein Mensch, der neun Monate in meinem Körper herangewachsen ist und den ich dann zur Welt gebracht habe. Dieser Mensch, der ab einem bestimmten Alter auch die Fähigkeit hat, das gleiche wie ich zu tun, nämlich einen neuen Menschen in seinem Körper heranwachsen zu lassen.

Das klingt merkwürdig, nicht wahr? Statt dessen könnte ich diesen Menschen auch einfacher beschreiben, nämlich mit den Worten:

meine Tochter

Wenn wir genau hinsehen, so ist das Wort 'Tochter' ein kurzes und einfaches Codewort, hinter dem sich unglaublich komplexe Sachverhalte verbergen. Diese Sachverhalte werden deutlich, wenn wir uns die

Verschlüsselung noch einmal anschauen: Oben, sozusagen als Endergebnis, steht das kurze Codewort 'Tochter'.

Die Entschlüsselung sah folgendermaßen aus:

'Ein Mensch, der neun Monate in meinem Körper herangewachsen ist und den ich dann zur Welt gebracht habe. Dieser Mensch, der ab einem bestimmten Alter auch die Fähigkeit hat, das gleiche wie ich zu tun, nämlich einen neuen Menschen in seinem Körper heranwachsen zu lassen.'

Wenn wir uns diese Entschlüsselung genauer anschauen, so fällt auf, daß auch sie wiederum mit Codeworten arbeitet, die entschlüsselt werden müßten, zum Beispiel das Wort 'Mensch', das Wort 'Monate' und das Wort 'Körper'. Die Entschlüsselung würde sehr schnell sehr aufwendig werden:

Tochter

Ein Mensch, der neun Monate in meinem Körper ....

Mensch bedeutet.....	Monat bedeutet.....	Körper bedeutet..........
....	....	....

Zum Glück ist das nicht nötig, weil wir alle diese Codewörter kennen und wissen, wie sie zu entschlüsseln sind.

Lernen bedeutet decodieren

Jetzt wollen Sie wissen, warum ich das so ausführlich erklärt habe", sagt Frau Mnemo zu uns. "Nun, wenn wir etwas Neues lernen, so versuchen wir doch nichts anderes, als seine Bedeutung zu decodieren. Nehmen wir an, Sie stoßen bei Ihrem Lernstoff auf den Begriff 'Semantik', der Ihnen unbekannt ist. Sie versuchen sich nun zu erklären, was dieser Begriff bedeuten könnte.

In Ihrem Lehrbuch finden Sie die folgende Erklärung (= Decodierung)[1]:

Semantik: die Untersuchung der Bedeutungen von Wörtern und ihrer Veränderungen im Laufe der Zeit.

Da die Lehrbuchsprache leider oft aus zu vielen Hauptwörtern und zu wenig Verben besteht, müssen Sie diese Entschlüsselung noch einmal für sich entschlüsseln: 'Semantik' bedeutet, daß man untersucht, was Worte bedeuten und wie sich diese Bedeutung im Laufe der Zeit verändert.

Geheimsprache wird verständlich

Das Lehrbuch gibt Ihnen nun einen weiteren Entschlüsselungshinweis. Es erklärt im folgenden das Wort 'Bedeutung'. Der Originaltext lautet[2]:

Die lexikalische Bedeutung ist die Wortbedeutung laut Wörterbuch. Manchmal wird die Bedeutung durch den Kontext im Satz angegeben oder durch die Modulation beim Sprechen.

Die abstrakte Lehrbuchsprache muß nun von Ihnen weiter entschlüsselt werden. Sie sagen sich: 'Lexikalische Bedeutung' meint offensichtlich, daß ich in einem Wörterbuch nachschlagen muß. Das, was ich dort als Erklärung für das Wort finde, ist die 'lexikalische Bedeutung'. Dann sagte das Lehrbuch:

Manchmal wird die Bedeutung durch den Kontext im Satz angegeben oder durch die Modulation beim Sprechen.

Sie entschlüsseln wieder für sich: was ein Wort heißen soll, kann sich aus der Stelle des Satzes ergeben, an der das Wort steht (=Entschlüsselung des Ausdrucks 'Kontext im Satz'), oder dadurch, daß man das Wort laut oder leise, besonders betont oder unbetont ausspricht (= Entschlüsselung des Ausdrucks 'Modulation beim Sprechen').

Je 'schlauer' das Lehrbuch klingt, desto schlechter ist es meistens

Worte wie 'Modulation' und 'Kontext' klingen natürlich viel gescheiter als ihre Decodierung", sagt Frau Mnemo. "Plötzlich erscheinen die Dinge nämlich so einfach, daß es schon fast banal ist. Man kann die

[1] Entnommen aus: Philip Zimbardo, "Psychologie".
[2] Ebenfalls entnommen aus: Philip Zimbardo, "Psychologie".

Dinge tatsächlich auch einfach ausdrücken. Aber, wie schon Erich Kästner einmal sagte: 'Manche Menschen benutzen ihre Intelligenz zum Vereinfachen, manche zum Komplizieren.' Ich will aber den Lehrbuchautoren gegenüber nicht unfair sein", schränkt Frau Mnemo ein. "Wie wir bereits an dem Codewort 'Tochter' gesehen haben, brauchen wir bis zu einem gewissen Grad diese Codewörter, weil sonst unsere Erklärungen einfach zu lang würden. Aber: Wenn ein Lehrbuch nur schlau klingt, dabei dem Leser aber rätselhaft bleibt, was der Autor sagen will, können Sie davon ausgehen, daß es dem Autor eher auf eine bestimmte Wirkung ankam. Er will vor allem *selber* schlau wirken, statt seine Leser in die Geheimnisse seines Wissensgebietes einzuweihen.

Je weniger Decodierungsschritte, desto besser das Lehrbuch

Gute Lehrbücher (leider gibt es noch zu wenige) benutzen eine einfache und klare Sprache. Achten Sie darauf, ob das Lesen des Textes Ihnen leichtfällt", rät Frau Mnemo. "Wenn Sie den Eindruck haben, daß der Text 'eingängig' wirkt, werden Sie meistens feststellen, daß der Autor viele Verben und wenig Hauptwörter verwendet. Leider ist es bei den meisten Lehrbüchern gerade umgekehrt. Wenn Sie sich ein Lehrbuch aussuchen, dann achten Sie auch darauf, ob der Autor eine bildhafte Sprache verwendet, und darauf, ob er anschauliche Beispiele gibt. Achten Sie außerdem darauf, ob der Autor viele oder wenige Schachtelsätze benutzt. Gerade Schachtelsätze eignen sich hervorragend, wenn man eine Information eher verstecken als klar darlegen möchte."[1]

Je mehr man schon weiß, desto weniger muß man decodieren

"Wenn Sie schon wissen, was Worte wie 'Modulation' oder 'Kontext' bedeuten", fährt Frau Mnemo fort, "brauchen Sie entsprechend weniger Arbeitsschritte, um den Lernstoff zu decodieren. So wird auch klar, warum es zunächst mühsamer ist, sich auf einem neuen Wissensgebiet zu bewegen als auf einem schon vertrauten. Das neue Wissensgebiet erfordert, daß zunächst sehr viele Begriffe decodiert werden müssen. Wenn Sie diese Arbeit jedoch bewältigt haben, geht es später immer leichter."

---

[1] Wenn Sie, liebe Leserin, lieber Leser, sich dafür interessieren, wie man flüssig und gut schreibt, dann sei Ihnen das Buch von Wolf Schneider, "Deutsch für Kenner" empfohlen.

Frau Mnemo sagt mit Nachdruck: "Diese Arbeit ist immens wichtig, sie können sich nicht davor drücken."

Decodieren bedeutet, die eigene Sprache zu sprechen

Sie fährt fort: "Wir haben schon besprochen, daß die meisten Lehrbücher in einer abstrakten und weltfremden Sprache geschrieben werden. Niemand redet so. Die Decodierungsarbeit besteht also darin, den Lernstoff in die eigene Sprache zu übertragen. Wir sollten prüfen, ob wir in der Lage sind, das gelernte Thema in unseren eigenen Worten wiederzugeben. Versuchen Sie, das Lerngebiet, das Sie gerade studieren, jemandem zu erklären, der davon nichts versteht. Dieser Mensch muß in der Lage sein, durch Ihre Erklärung die Grundideen ihres Gebietes zu erfassen. Wenn Ihnen das gelingt, dann beherrschen Sie den Lernstoff bereits gut, nämlich *aktiv*.

Der Unterschied zwischen aktivem und passivem Beherrschen

Was ist wohl leichter", fragt Frau Mnemo, "aus drei verschiedenen Schreibarten eines Wortes das richtig geschriebene Wort herauszufinden oder das Wort selber ohne Vorlage richtig hinzuschreiben? Natürlich ist die erste Aufgabe viel leichter zu lösen. Wenn wir aus drei verschiedenen Schreibarten eines Wortes das richtig geschriebene Wort heraussuchen sollen, so können wir unsere Fähigkeit einsetzen, die Dinge *wiederzuerkennen*. Wenn eine Aufgabe also vor allem unsere Fähigkeit des Wiedererkennens anspricht, so wird von uns nur verlangt, den Lernstoff *passiv* zu beherrschen. Darin sind alle Menschen sehr begabt. Wenn wir zum Beispiel etwas lesen, was wir schon einmal gelesen haben, so gibt uns unser Gehirn bereits nach kurzer Zeit ein Signal: Dieser Text ist bereits bekannt! Wieviel schwerer ist es aber, denselben Text nun zu reproduzieren! Wenn Sie dies können, beherrschen Sie den Lernstoff *aktiv*.

Was ein Banküberfall über unser Gedächtnis zeigt

Nehmen wir folgendes Beispiel", sagt Frau Mnemo. "Der Mann betrat die Schalterhalle, fuchtelte mit einer Waffe, schrie 'Geld her' und war kurze Zeit später mit einer Plastiktüte voller Geldscheine wieder verschwunden. Im Moment befragen Mitarbeiter der Kriminalpolizei die Schaltermitarbeiter der Bank und die Kunden und versuchen eine Täterbeschreibung zu bekommen. Es ist eine mühsame Arbeit. Jeder Befragte sagt, daß alles zu schnell gegangen sei, um eine genaue Beschreibung abgeben zu können, und so sind die Angaben, die die Polizei zusammenträgt, äußerst vage: ein Mann zwischen 30 und 40 Jahre alt, mittelgroß und schlank, dunkelblondes Haar.

Ganz anders ist die Situation, als die Zeugen des Überfalls gebeten werden, sich die Fotos der Verbrecherkartei der Polizei anzusehen, um zu prüfen, ob sie jemanden wiedererkennen. Alle acht Zeugen erkennen einen bestimmten Mann wieder. Sechs der acht Zeugen sind 'hundertprozentig sicher' die übrigen zwei sind 'fast sicher'.

Was bedeutet das für unser Gedächtnis?

Das erste Aufnehmen einer Information hinterläßt bereits einen Eindruck

Bereits wenn wir eine Information nur kurz und flüchtig wahrnehmen, hinterläßt sie einen Eindruck in unserem Gedächtnis. Dieser Eindruck wird von der Wissenschaft als 'Engramm' oder 'Gedächtnisspur' bezeichnet. Wir können dieses Engramm wiedererkennen, aber wir sind noch nicht in der Lage, es abzurufen. Der Eindruck in unserem Gedächtnis ist dafür einfach noch zu undeutlich. Erst durch Wiederholen entsteht ein stärkerer Eindruck.

Zuerst der Grundgedanke ...

Wenn das Wissensgebiet für Sie völlig neu ist, dann prägen Sie sich zunächst nur eine einfache, kurze Erklärung der neuen Codeworte ein. Versuchen Sie unbedingt, den Grundgedanken zu erfassen. Grundgedanken sind übrigens immer einfach, sonst hießen sie nicht so.

Stellen Sie sich vor, daß wir für Sie in Ihrem Gedächtnis zunächst eine neue Schublade mit einem neuen Stichwort einrichten", erklärt Frau Mnemo. "Dann legen wir die neue Erklärung unter diesem Stichwort ab. Am besten ist es, wenn diese neue Erklärung zunächst kurz und einfach ist, dann können wir später immer noch die tiefergehenden Sachverhalte dort speichern."

... danach erst die Ausnahmen und die Sonderfälle

Frau Mnemo erläutert: "Wenn in einem Lehrbuch ein Begriff erklärt wird, dann werden Sie meistens feststellen, daß diese Erklärungen auch gleich sämtliche Ausnahmen und Sonderfälle mit einschließen. Machen Sie sich zunächst nur den Grundgedanken klar und prägen Sie sich erst in einem zweiten Lernschritt die Ausnahmen ein.

Wenn wir statt dessen sofort eine dreiseitige, komplizierte Erklärung erhalten, werden wir hier im Gedächtnis nur verwirrt. Es kann Ihnen dann passieren, daß wir hier oben nicht mehr durchblicken und die Informationen einfach wild durcheinander liegenbleiben.

Der Weg vom Codewort zur Decodierung

Machen wir uns noch einmal die Decodierungsarbeit klar, die wir gerade geleistet haben, um das Wort Semantik zu lernen:

Semantik

Codierung	Decodierung
Semantik ist die Untersuchung der Bedeutungen von Worten und ihrer Veränderungen im Laufe der Zeit.	Semantik bedeutet, daß man untersucht, was Worte bedeuten und wie sich diese Bedeutung im Laufe der Zeit verändert.
Die lexikalische Bedeutung ist die Wortbedeutung laut Wörterbuch.	Ich muß in einem Wörterbuch nachschlagen. Das, was ich dort als Erklärung für das Wort finde, ist die 'lexikalische Bedeutung'.
Manchmal wird die Bedeutung durch den Kontext im Satz angegeben...	Was ein Wort heißen soll, kann sich aus der Stelle im Satz ergeben, an der das Wort steht ...
oder durch die Modulation beim Sprechen.	... oder dadurch, daß man das Wort laut oder leise, betont oder unbetont ausspricht.

Der Prüfer fragt das Codewort

Jetzt stellen Sie sich vor, Sie sitzen in einer Prüfung, der Prüfer schaut Ihnen tief in die Augen und sagt: 'Erklären Sie mir doch bitte einmal, was 'Semantik' bedeutet!' Sie fangen an zu stottern: 'Semantik ist äh, wenn äh, also Semantik ist, wenn ein Wort, ich meine, wenn äh, also wenn ...'

Was ist passiert? Ihnen ist es nicht mehr gelungen, den Weg vom Codewort zur Decodierung zu finden. Um das zu vermeiden, sollten Sie sicherstellen, daß Ihnen zu den Codeworten die entsprechenden Decodierungen einfallen."

"Wie macht man das?" fragen wir.

Die Brücke vom Wort zum Inhalt

"Am einfachsten ist es", erklärt Frau Mnemo, "wenn Sie unmittelbar vom Wort her eine Brücke zu seiner Decodierung schlagen können. Nehmen wir das Wort 'Semantik'. Oben hatten wir seine Bedeutung entschlüsselt. 'Semantik': Man untersucht, was Worte bedeuten und wie sich diese Bedeutung im Laufe der Zeit verändert. Wenn wir diese Definition zunächst etwas verkürzen, so bedeutet 'Semantik', daß man die Bedeutung von Worten untersucht.

Jetzt kommt es darauf an, ein Brücke vom Wort zum Inhalt zu schlagen:

Mit etwas Phantasie kommen wir vom Wort 'Semantik' zu einem Seemann, der einen Tick hat. Dieser Tick besteht darin, daß er sich bei jedem Wort, das er hört, fragt: 'Was bedeutet dieses Wort eigentlich? Ja, was bedeutet dieses Wort? Ich möchte zu gerne wissen, was dieses Wort bedeutet!'

Machen Sie jetzt kurz eine Pause und sehen Sie den alten Seemann mit diesem Tick vor sich, wie er ständig vor sich hin murmelt: 'Was bedeutet nur dieses Wort ...?'

Jetzt wird es Ihnen nicht mehr passieren, daß Sie in der Prüfung nicht mehr vom Wort zum Inhalt finden, weil Sie sich eine Brücke gebaut haben. Bauen Sie diese Brücken am besten immer direkt vom Codewort aus. Nehmen Sie das Wort und überlegen Sie, wie Sie von dort eine Brücke zu seiner Bedeutung schlagen können. Egal, ob Sie schriftlich oder mündlich geprüft werden; - damit der Prüfer Sie etwas fragen kann, muß er das Codewort gebrauchen. Sie greifen dann dieses Wort auf und finden über Ihre Brücke sicher zum Inhalt!"

Die Informationen werden geliefert

"Übrigens", sagt Frau Mnemo, "wir liefern in Bruchteilen von Sekunden die Informationen, die zum Codewort gehören. Am leichtesten geht es, wenn der Prüfling die Frage aufnimmt und dann einen Moment abwartet. In diesem Moment besorgen wir alles, was an Informationen gespeichert ist. Leider geraten in diesem Moment viele Prüflinge in Panik und wollen am liebsten 'selbst losrennen' und die Information holen. Ich rate statt dessen: die Frage aufnehmen, eventuell noch einmal wiederholen und dann einmal tief durchatmen. Dieser kurze Moment reicht uns, um die Antworten zu liefern."

Eselsbrücken sind nicht für Esel

Frau Mnemo gibt uns nun noch ein paar Hinweise, auf welche Art man gute Eselsbrücken bauen kann. "Am besten prägen sich Eselsbrücken in Form von Reimen ein. Einige dieser Reime aus dem Geschichtsunterricht sind uns sicher noch präsent, wie zum Beispiel 'drei, drei, drei, Issos Keilerei'; oder 'sieben, fünf, drei, Rom kroch aus dem Ei.' Wenn es Ihnen also gelingt, das, was Sie sich merken wollen, in einen Reim oder zumindest in eine rhythmische Form zu kleiden, dann haben Sie schon gewonnen. Nehmen wir an, Sie wollen sich das Wort 'Blasphemisch' merken. Aus dem Fremdwörterlexikon entnehmen Sie nun, daß es 'gotteslästerlich' bedeutet. Um sich das zu merken, bilden Sie folgende Eselsbrücke: "Blasphemisch heißt zu sagen: Gott ist dämlich." Oder nehmen Sie das Wort 'Misanthrop', zu deutsch 'Menschenfeind'. Mit ein bißchen Phantasie können Sie leicht reimen: 'Ein Misanthrop hat für keinen Menschen Lob.'

Ein Wissensgebiet ist wie ein Baum

Frau Mnemo fährt fort: "Wenn Sie beginnen, ein neues Wissensgebiet zu lernen, stellen Sie sich vor, daß dieses Gebiet wie ein Baum aussieht. Es hat Wurzeln, einen Stamm, dann zunächst dickere Äste, weiter oben dann dünnere Äste und schließlich an den Ästen Früchte und Blätter.

Betrachten Sie zunächst nur den Stamm und versuchen Sie, die folgenden zwei Fragen zu klären: Was ist die Grundidee oder die Grundaufgabe dieses Wissensgebietes? Und: Wo liegen seine Wurzeln, daß heißt, woraus hat es sich entwickelt? In einem guten Lehrbuch finden Sie die Antwort. Leider werden diese beiden grundlegenden Fragen von Lernenden oft übergangen. Die geschichtliche Entwicklung eines Wissensgebietes gilt als langweilig und wird zudem in Prüfungen nicht gefragt. Deswegen überschlägt der Lernende diese Fragen gerne und steigt gleich tiefer in das Gebiet ein. Er beschäftigt sich dann bereits mit den dickeren Ästen unseres Baumes und hat die Wurzeln und den Stamm gar nicht erst betrachtet. Vielleicht untersucht er gar nur einen Ast des Baumes, weil er gehört hat, daß der Prüfer ein Spezialist auf diesem Gebiet ist. Wenn wir jedoch zuerst Wurzeln und Stamm betrachten, können wir viel mehr von den Feinheiten des Wissensgebietes verstehen, die sich erst weiter oben in der Baumkrone zeigen."

Zuerst kommen die Wurzeln und der Stamm

Wir wollen nun versuchen, diese Erkenntnisse umzusetzen. Als Beispiel haben wir das Gebiet "Psychologie" gewählt. Wir schlagen ein Lehrbuch auf und lesen dort gleich auf der ersten Seite[1]:

---

[1] Entnommen aus dem Standardlehrbuch: Philip Zimbardo, "Psychologie".

Psychologie ist als moderne wissenschaftliche Disziplin erst etwas mehr als ein Jahrhundert alt. Wenn man ihre Entstehung an einem einzigen Datum festmachen will, so kommt dafür am ehesten die Eröffnung des ersten psychologischen Laboratoriums durch Wilhelm Wundt im Jahre 1879 in Leipzig in Frage.

Wundt war von Hause aus Philosoph - die zeitgenössische Philosophie war ebenso wie die Physiologie und die Biologie (Darwinismus) eine der aktuellen Quellen für die Geburt der Psychologie als Wissenschaft.

Diese kurze Passage gibt uns alle wichtigen Informationen, die wir zunächst über Wurzeln und Stamm brauchen. Wir wissen nun, daß unser Baum noch nicht besonders alt ist, nur etwas mehr als hundert Jahre. Wir wissen nun auch, wie seine Wurzeln heißen: Philosophie, Physiologie und Biologie, speziell Darwinismus.

Wie immer decodieren wir am Anfang

Wenn wir ein neues Wissensgebiet studieren, dann stoßen wir fast automatisch auch auf neue Begriffe. Es könnte zum Beispiel sein, daß die Begriffe "Physiologie" und "Darwinismus" für uns unbekannt sind. Es sind Codeworte, die wir wieder entschlüsseln. Wie oben beschrieben, klären wir auch hier zunächst nur den Grundgedanken des Codewortes und beachten die Ausnahmen und Sonderfälle erst später. Aus dem Lexikon entnehmen wir, daß die Physiologie sich mit den chemischen und physikalischen Vorgängen im lebenden Organismus beschäftigt. Über den Begriff "Darwinismus" erfahren wir, daß er auf den Forscher Darwin zurückgeht, der eine umfangreiche Theorie darüber vorgelegt hat, wie die verschiedenen Lebewesen sich in ihrer Artenvielfalt entwickelt haben und wie sie voneinander abstammen.

Es bleibt die Frage zu klären, welches Ziel die Psychologie hat. Wir lesen wieder[1]:

Ziel der Psychologie als Wissenschaft sind die Beschreibung, Erklärung und Vorhersage des Verhaltens...

Damit haben wir die Grundfragen zunächst geklärt und können uns nun diese Sachverhalte visualisieren:

---

[1] Ebenfalls entnommen aus Zimbardo, "Psychologie".

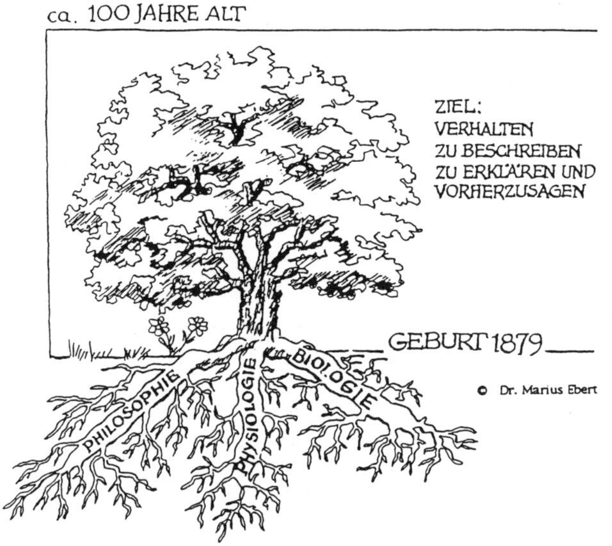

Danach kommen die verschiedenen Äste und erst später die Zweige

In einem weiteren Schritt würden wir dann die verschiedenen Äste der Psychologie in unserem Baum ergänzen. Dabei können wir uns auch gleich verdeutlichen, welche Äste heute sehr stark sind und welche vielleicht früher einmal sehr stark waren, aber inzwischen unbedeutend geworden sind. Erst danach sollten wir uns die einzelnen Äste mit ihren kleineren Zweigen anschauen. Dies soll jedoch hier als Beispiel genügen.

Bevor wir dieses Kapitel abschließen, möchten wir Frau Mnemo auf ihren besonderen Wunsch hin noch die Gelegenheit geben, ein paar Worte zum Thema "Lernen und Alter" zu sagen, weil ihr dieses Thema besonders am Herzen liegt.

Lernen und Alter

"Leider leben sehr viele Menschen geistig in der Vergangenheit und interessieren sich kaum für die Gegenwart und die Zukunft. Sie wollen einfach nichts mehr dazulernen. Außerdem ist vielen Menschen das Lernen so verleidet worden, daß sie im Alter heilfroh sind, nicht mehr lernen zu *müssen,* und es deswegen auch nicht mehr tun. Es wird wohl noch eine Weile dauern, bis wir erkannt haben, daß Lernen ein Privileg ist und daß es viel Freude machen kann.

Was wir nicht gebrauchen, bildet sich zurück. Wenn wir unseren Arm wegen eines Gipsverbandes einige Wochen nicht gebrauchen (können), sehen wir, daß er sich im Vergleich zu unserem anderen Arm zurückgebildet hat. Für unser Gehirn gilt das Gleiche. Seine vielfältigen Vernetzungen bilden sich zurück, wenn wir sie nicht nutzen. Gerade das Lernen ist ein hervorragendes Gehirntraining. Warum sollte man also nicht auch im Alter noch eine neue Sprache lernen, um dann auch in das Land zu reisen, in dem die Sprache gesprochen wird?

Es liegt vor allem an uns selbst

Ob im Alter unser Gedächtnis nachläßt, hängt also ganz wesentlich von uns selber ab.[1] Wir wissen aus vielen Tierexperimenten, daß ein isoliertes Lebewesen in phantasieloser Umgebung sich nach und nach zurückentwickelt und schließlich völlig apathisch wird. Tatsächlich hat man aber auch in solchen Experimenten gezeigt, daß die gleichen Lebewesen durch eine phantasievolle, lebhafte Umgebung gewissermaßen wiederbelebt werden konnten und sie wieder leicht und spielerisch lernten.[2]

Wer manchen Sprüchen der Werbung glaubt, in denen uns suggeriert wird, daß ab dem dreißigsten Lebensjahr die Gedächtnisleistung nachlasse, der ist selber schuld."

---

1 "Es ist nie zu früh,
Damit aufzuhören,
Sich einzureden,
Es sei zu spät." (Henning Sabo)

2 Solche Experimente sind zum Beispiel in der Untersuchung von Frederic Vester, "Denken, Lernen und Vergessen", beschrieben.

Kapitel 6

Wie wir phantasievoll mit allen Sinnen lernen

Inzwischen hat uns Frau Mnemo auch den letzten Punkt unseres Forderungskataloges erläutert. In diesem Punkt fordert sie, daß das Lernen abwechslungsreich und phantasievoll gestaltet werden soll. Der Lernende sollte außerdem über möglichst viele Sinneskanäle lernen. Wir haben aufmerksam zugehört und geben hiermit an Sie, liebe Leserin, lieber Leser, weiter, was Frau Mnemo uns erklärt hat.

Für das Lernen sind besonders die folgenden Sinneskanäle wichtig:

Der visuelle Kanal. Menschen, die überwiegend diesen Kanal benutzen, sind "Augenmenschen".

Der auditive Kanal. Diesen Kanal benutzen "Ohrenmenschen" überwiegend.

Der kinästhetische Kanal. Damit ist das Tasten und Fühlen gemeint.

Verschiedene Lerntypen bevorzugen verschiedene Sinneskanäle

Jeder Mensch bevorzugt den einen oder anderen Kanal. Prüfen Sie sich kurz selbst. Finden Sie Übersichten und bildhafte Darstellungen in Lehrbüchern hilfreich? Dann sind Sie ein Augenmensch, Sie benutzen also überwiegend den visuellen Sinneskanal. Können Sie Vorträgen gut folgen und viel aufnehmen? Das würde bedeuten, daß Sie ein Ohrenmensch sind, also überwiegend den auditiven Kanal benutzen.

Hilft es Ihnen, die Dinge aufzuschreiben? Das würde auf den kinästhetischen Sinneskanal hinweisen. Ihnen hilft die Handbewegung beim Schreiben, um die Dinge zu erfühlen.

Je mehr Sinneskanäle wir benutzen, desto vielschichtiger und intensiver werden die Informationen gespeichert.

Abwechslung durch Lernen "nebenbei"

Mit diesem Hintergrundwissen können wir nun unseren Lernalltag abwechslungsreicher gestalten. Als erstes nehmen wir uns unseren Kassettenrekorder und sprechen den zu lernenden Text darauf. Diese Kassette lassen wir nun so oft wie möglich nebenbei laufen. Zum Beispiel beim Geschirrspülen, beim Autofahren, im Wartezimmer des Arztes (über Walkman, während wir die "Neue Revue" lesen) usw.

Wichtig ist hierbei, daß wir tatsächlich nicht bewußt zuhören, während der Kassettenrekorder läuft, sondern uns auf andere Dinge konzentrieren. Wenn wir dann nach einiger Zeit uns den Text wieder bewußt vornehmen, werden wir feststellen, daß er uns sehr viel vertrauter ist. Er ist jetzt viel eingängiger, das heißt, das bewußte Lernen geht nun viel schneller.

Lernen im Badezimmer

Das Lernen nebenbei können wir an vielen Orten betreiben. Als nächstes malen wir uns den Lernstoff in Form einer Übersicht auf, wie zum Beispiel den vorhin entwickelten "Baum" der Psychologie.

Dann hängen wir uns diese Übersicht in einer Klarsichthülle an eine Klemme in die Dusche. Bei jedem Duschen schauen wir dann ab und zu mal auf diese Übersicht und nehmen den Lernstoff dadurch in angenehmer und entspannter Atmosphäre noch tiefer auf. Auch an andere Stellen in unserer Wohnung können wir kleinere oder größere Übersichten hängen, auf die wir dann ab und zu nebenbei blicken. Es bieten sich an: der Badezimmerspiegel, die Toilette, der Küchenschrank etc.

© Dr. Marius Ebert

Ein großer Vorteil dieser Art des Lernens ist der, daß wir keinen zusätzlichen Zeitaufwand benötigen, aber die Intensität der Speicherung erheblich erhöhen. Diese Art bietet sich also vor allem an, um den Lernstoff so zu verinnerlichen, daß er wirklich gut "sitzt".

Lernen mit der Lernkartei

Die Lernkartei ist ein hervorragendes Instrument für den kinästhetischen Sinneskanal. Sie einzurichten erfordert zwar einigen Aufwand, der sich jedoch lohnt. Die Lernkartei besteht aus einer Box mit fünf Fächern. Eine solche Box kann man sich entweder selber basteln oder aber auch kaufen.[1]

[1] Eine ausführliche Anleitung zum Selberbasteln einer Lernkartei findet sich in dem ausgezeichneten Buch von Sebastian Leitner: "So lernt man lernen".

Das Erfassen der Informationen

Wir machen uns nun daran, den Lernstoff auf Karteikarten zu erfassen. Auf die Vorderseite der Karte schreiben wir eine Frage, auf die Rückseite die entsprechende Antwort. Es ist sinnvoll, nicht zuviel Stoff auf eine Karte zu "packen". Schreiben Sie im Zweifel lieber eine Karte mehr. Wenn Sie Vokabeln lernen, schreiben Sie auf die eine Seite die fremde Vokabel und auf die andere Seite die deutsche Bedeutung. Durch das Schreiben erfühlen Sie die Informationen durch die entsprechenden Handbewegungen, Sie benutzen also den kinästhetischen Sinneskanal.

Unsere Karteikarten werden nun in das erste Fach der Lernkartei einsortiert. Dann testen wir uns: Wenn wir die Antworten von einigen Karten schon wissen, dann dürfen diese Karten in das zweite Fach. Wenn das zweite Fach voll ist, machen wir die Probe. Das kann, je nach Lerntempo, am nächsten Tag sein oder auch erst einige Tage später. Wir prüfen nun, welche Karten aus dem zweiten Fach wir noch wissen. Die Fragen auf den Karten des zweiten Faches, die wir beantworten können, dürfen ins dritte Fach. Die Fragen, die wir nicht beantworten können, wandern zurück ins erste Fach.

Der Lernfortschritt wird sichtbar

Nach diesem Prinzip geht es weiter. Nach einiger Zeit werden wir uns auch das dritte Fach vornehmen. Was wir wissen, darf ins vierte Fach. Was wir nicht wissen, muß zurück ins erste Fach. Nach wiederum einiger Zeit werden auch die Karten aus Fach vier umsortiert. Was wir wissen, wandert ins fünfte und letzte Fach. Was wir nicht wissen, muß zurück ins erste Fach. Die Karten in unserem fünften Fach können wir dann getrost als sicher und abrufbereit gelernt betrachten.

Wir alle wissen, wie motivierend es ist, zu sehen, was man schon geschafft hat, wenn man beispielsweise einen Berg Säcke vom Hafenufer auf ein Schiff tragen muß. Durch die Lernkartei können wir auch die Fortschritte unserer geistigen Arbeit unmittelbar greifbar machen.

Die Lernkartei ist ehrlich

Die Lernkartei zeigt uns genau unseren Wissensstand. Wir sollten uns nicht wundern oder gar verzweifeln, wenn wir feststellen, daß wir von den Kärtchen des zweiten Faches die Hälfte wieder in das erste Fach umsortieren müssen. Das ist völlig normal. Seien Sie im Gegenteil froh, daß Sie so genau erkennen können, was Sie schon wissen und was Sie noch einmal wiederholen können. Wer wird sich schon beim Umstecken der Karteikarten selbst betrügen? Denken Sie an andere Lernende, die ohne Kartei arbeiten und so in großer Gefahr sind, sich schon zuviel zuzutrauen. Die Prüfung ist sowieso für alle der Augenblick der Wahrheit. Besser also, Sie wissen schon jetzt genau, wo Sie stehen, und können noch etwas tun, als sich in falscher Sicherheit zu wiegen.

Die Lernpatience, z. B. für Telefonnummern

Nach einem ähnlichen Prinzip wie die Lernkartei funktioniert eine Lernpatience.[1] Sie ist gut geeignet, wenn man sich zum Beispiel in kurzer Zeit einige Telefonnummern einprägen möchte. Übrigens: Die Beschreibung des Ganzen sieht komplizierter aus als das ganze Spiel. Probieren Sie es aus. Es ist einfach, geht schnell, macht Freude und wirkt.

Schreiben Sie auf Ihre Karteikarten auf die Vorderseite den Namen und auf die Rückseite die dazugehörige Telefonnummer. Nun werden drei Kärtchen in eine Reihe nebeneinander gelegt.

---

[1] Entnommen aus: Sebastian Leitner, "So lernt man lernen".

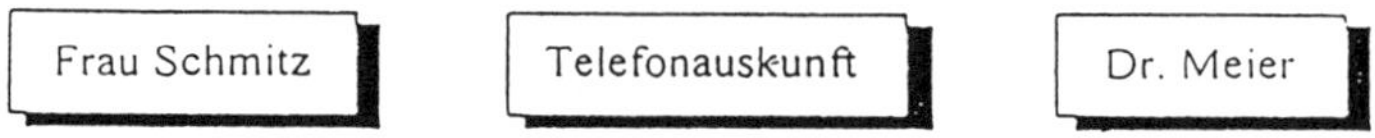

Wir beginnen nun ganz links in der Reihe und prüfen, ob wir die Nummer, die zu dieser Karte gehört, noch wissen. Nehmen wir an, wir wissen die Telefonnummer von Frau Schmitz nicht. Dann rückt diese Karte nach rechts außen in unserem Dreierblock.

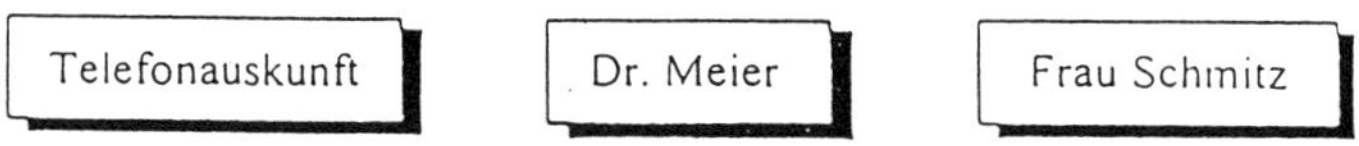

Wir fragen uns nun, ob wir die Telefonnummer zu dem Namen wissen, der nun ganz links außen liegt, also in diesem Fall von der Telefonauskunft. Wenn wir es nicht wissen, so rückt auch diese Karte wieder ganz nach rechts. In diesem Fall wollen wir jedoch annehmen, daß wir es wissen. Diese Karte rückt nun eine Reihe höher. In unserer untersten Reihe fehlt nun eine Karte in unserem Dreierblock, so daß wir eine neue Karte (Herrn Bürgel) ins Spiel mit aufnehmen können.

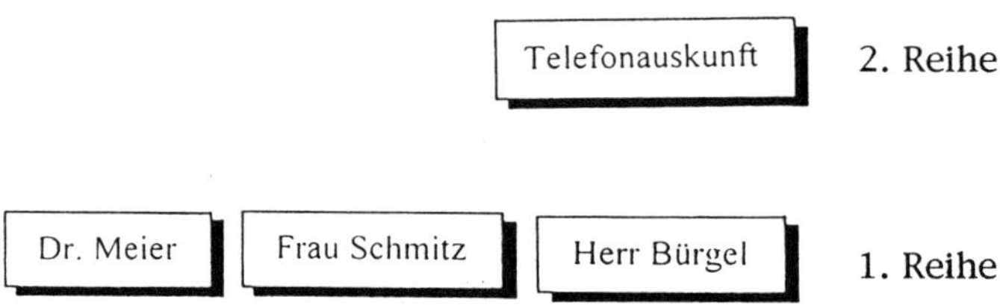

In der untersten Reihe geht es nun weiter, wie gehabt. Wir fragen uns stets, ob wir die Nummer der Karte wissen, die ganz links liegt. Was wir nicht wissen, rückt nach rechts. Was wir wissen, darf in die nächsthöhere Reihe aufrücken, und zwar rechts neben die erste dort liegende

Karte. Die Nummer von Dr. Meier haben wir gewußt, sie darf "aufsteigen", so daß wir die Nummer der Reinigung neu ins Spiel aufnehmen können.

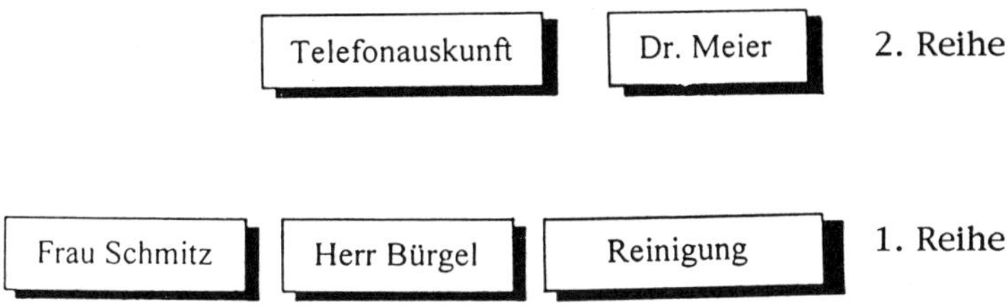

Der Weg nach oben

Die unterste Reihe wird immer bis zur Zahl 3 aufgefüllt. In der zweiten Reihe dürfen bis zu fünf Karten liegen. Wenn die zweite Reihe mit fünf Karten belegt ist, so beginnen wir auch hier wieder ganz links und fragen uns, ob wir zu diesem Namen die Telefonnummer noch wissen. Ist das der Fall, so darf diese Karte wiederum eine Reihe höher aufsteigen. Wissen wir die Nummer jedoch nicht, so muß die Karte wieder in die unterste Reihe zurückgelegt werden, und zwar ganz nach rechts in unseren Dreierblock, so als würde sie gerade erst neu in das Spiel aufgenommen.

Auch in unserer dritten Reihe arbeiten wir mit fünf Kärtchen. Natürlich müssen auch die Karten aus der dritten Reihe, die wir nicht wissen, wieder in der ersten Reihe anfangen. Sind aber auch in die dritte Reihe fünf Karten aufgerückt, so machen wir eine vierte Reihe auf, in der maximal sieben Karten liegen dürfen.

Mit Freude gelernt und fest verankert

Ist auch diese vierte Reihe voll, so sollten wir aufhören, neue Kärtchen ins Spiel mit aufzunehmen. Statt dessen sehen wir, daß auch die unten liegenden Karten den Aufstieg in die oberste Reihe schaffen. Ist die vierte Reihe mit sieben Karten belegt, so dürfen wir nun die Karten, die wir wissen, aus dem Spiel nehmen statt eine weitere Reihe aufzumachen. Wir können darauf vertrauen, daß wir diese Telefonnummern nun tatsächlich wissen und auch so leicht nicht mehr vergessen werden.

Wir bedanken uns bei Frau Mnemo und betrachten zum Abschluß dieses Kapitels den Nutzen neuer Lernmethoden:

Suggestopädie/Superlearning

Eigentlich heißt diese Methode "Suggestopädie". Sie ist aber erst unter dem Namen "Superlearning" bekannt geworden.

Entwickelt wurde die Suggestopädie von einem bulgarischen Arzt und Psychotherapeuten mit dem Namen Georgi Lozanov. Seine Ideen wurden inzwischen aufgegriffen und teilweise modifiziert und weiterentwickelt. Deswegen gibt es heute keine einheitliche Methode unter dem Begriff "Suggestopädie" oder "Superlearning", sondern viele Variationen. Im folgenden sollen einige der Grundideen dargestellt werden, ohne jedoch alle Variationen erfassen zu wollen.

Suggestopädie: eine Seminarmethode

Die Suggestopädie ist eine Methode, die zum Lernen in Seminaren entwickelt wurde. Nur in einem Seminar ist es möglich, alle Elemente und Ideen dieser Methode zusammen und kombiniert einzusetzen. Ein Seminar besteht aus einem Seminarleiter, dem sogenannten Suggestopäden, und den Lernenden als Seminarteilnehmern. Der Seminarleiter spielt bei suggestopädischen Seminaren eine große Rolle.[1] Seine Aufgabe ist es, die Elemente der Suggestopädie umzusetzen. Die Methode wurde zudem ursprünglich dafür konzipiert, Sprachen zu lernen.

---

[1] Von Lozanov selber stammt der Ausspruch: "Die Methode ist der Lehrer."

In Entspannung geht vieles leichter

Eine Idee der Suggestopädie ist, daß der Mensch sehr viel aufnahmefähiger ist, wenn er entspannt ist. Wenn man mit dieser Methode arbeitet, befindet man sich also teilweise in einem ruhigen, passiven Zustand (Alpha-Zustand).[1] Während dieser Phase sitzen die Lernenden mit geschlossenen Augen entspannt auf ihren Stühlen, während der Seminarleiter den Stoff vorspricht. Manchmal variiert der Leiter dabei noch seine Stimme. Er spricht mal leiser und mal lauter.

Mit Musik geht vieles leichter

Während dieser Passivphasen spielt zusätzlich im Hintergrund ruhige, entspannende Musik. Lozanov hat unter anderem die Largo-Passagen aus den Werken der Barockmusik eingesetzt, man hat aber inzwischen auch mit ruhiger Meditationsmusik gute Erfahrungen gemacht. Die Musik hat offensichtlich mehrere Effekte. Sie wirkt zusätzlich beruhigend und entspannend. Die Largo-Passagen der Barockmusik haben eine Taktfrequenz, die ähnlich langsam ist wie die des menschlichen Herzens in Entspannung. Während die Lernenden der Musik lauschen und dies als angenehm empfinden, fließen die Lerninformationen gleichzeitig ins Gedächtnis ein.

Es macht Spaß

Es werden außerdem viele Elemente verwendet, die für die Lernenden den Spaß am Lernen erhöhen. Während durch die Erfahrung in der Schule das Lernen eher mit unangenehmen Empfindungen verknüpft ist, wird hier alles für eine angenehme Lernatmosphäre getan. Die Räume sind hell und freundlich. Während des Seminars gibt es keine Tadel oder Verweise, niemand wird wegen einer falschen Antwort bloßgestellt oder heruntergemacht. Statt dessen vermittelt das Seminar Erfolgserlebnisse.

Oft kann sich der Lernende für die Dauer des Seminars auch einen anderen Namen und eine andere Identität auswählen. Für die Dauer eines Italienischseminars kann er sich zum Beispiel dafür entscheiden,

[1] Der "Alpha-Zustand" wird im Anhang des Buches erklärt. (S. 176 ff.)

ein italienischer Pizzabäcker mit dem Namen Giovanni zu sein. Dadurch fühlt sich der Lernende freier und hat mehr Mut, sich in der zunächst fremden Sprache zu äußern. Darüber hinaus gibt es auch oft Möglichkeiten, sich zu verkleiden.

Die Informationen werden mit allen Sinnen aufgenommen

Die Informationen werden dem Lernenden auf den verschiedensten Kanälen präsentiert. Er sitzt zum Beispiel entspannt in seinem Sessel und nimmt die Informationen über die Ohren auf, während im Hintergrund ruhige und entspannende Musik läuft.

In einer weiteren Phase liest er die Informationen selber auf einem Textblatt oder in einem Buch mit, während im Hintergrund meist etwas lebhaftere Musik spielt. Er nimmt also diesmal in erster Linie über die Augen auf. Oft hängen die wichtigsten Informationen in Form von bunten Postern an der Wand, zum Beispiel die Konjugationen für wichtige, häufig benutzte Verben. Diese Informationen nimmt man dann quasi im Vorbeischauen auf.

Aber auch der kinästhetische Sinneskanal wird angesprochen. Der Seminarleiter spielt zum Beispiel mit pantomimischen Gesten einen bestimmten Satz vor und läßt dann die Seminarteilnehmer diese Gesten wiederholen und dazu die zu lernenden Vokabeln aussprechen.

Sie lernen, den Stoff aktiv zu beherrschen

Wenn man zum Beispiel eine neue Sprache lernt, dann ist es natürlich ganz schön, wenn man die Worte versteht. Viel besser ist es, wenn Sie selber sprechen können. Der Lernende wird also in Situationen gebracht, in denen er seine Kenntnisse aktivieren kann. Dies geschieht zum Beispiel in Rollenspielen. Das, was der Lernende gerade noch passiv in sich aufgenommen hat, soll er nun aktiv benutzen. Hat er gerade noch einen Dialog verfolgt, in dem jemand in einem italienischen Reisebüro eine Kreuzfahrt buchen möchte, dann wird er nun selber zum Kunden im Reisebüro, während ein anderer Seminarteilnehmer die Rolle des Verkäufers übernimmt.

Manchmal aktiviert man auch Informationen in Form eines Liedes, das alle gemeinsam singen. Dieses Lied besteht dann zum Beispiel aus grundlegenden Grammatikregeln in Reimform.

Der Schwerpunkt der Suggestopädie liegt aber nicht darin, daß Sie die Grammatikregeln einer Sprache am Ende eines Seminars gut beherrschen, sondern daß Sie vor allem sprechen können. Die fremde Sprache wird also eher so gelernt wie die eigene Muttersprache, die man ja auch schon einige Jahre spricht, ehe man später in der Schule die Grammatikregeln lernt.

Was bringt die Suggestopädie?

Suggestopädische Seminare sind kurz, sie dauern etwa drei bis fünf Tage. In dieser kurzen Zeit kommen Sie auf ein Niveau, das es ermöglicht, sich in der jeweiligen Sprache zu unterhalten. Können Sie beispielsweise kein Wort Spanisch, so sind Sie nach einem suggestopädischen Seminar in der Lage, die Alltagssprache zu sprechen und die kleineren und größeren Probleme des Alltags zu lösen: Wege erfragen, Hotelzimmer buchen, ein schlechtes Essen reklamieren usw.

Durch die Entspannungsübungen und die Abwechslung während des Seminars werden diese drei bis fünf Tage von den Lernenden als nicht besonders anstrengend empfunden. Im Gegenteil. Während dieser Zeit wird das Lernen, durch die Freude daran, zu einer sehr angenehmen Erfahrung, die zudem noch sehr effektiv ist.

Was bringen Superlearning-Kassetten?

Durch die vielen Variationen, die es rund um die Suggestopädie gibt, ist bei so manchem der Eindruck entstanden, es handele sich bei dieser Methode um ein Lernen mit Kassetten. Das stimmt nicht. Die auf dem Markt erhältlichen Kassetten bestehen meistens aus einer Geschichte, die in Dialogform in der fremden Sprache präsentiert wird und mit Barockmusik untermalt ist.

Beim Lernen mit Kassetten können aber nur wenige Ideen der Suggestopädie eingesetzt werden, nämlich die Barockmusik und vielleicht noch das Lernen in Entspannung, wenn der Lernende eine Entspannungstechnik[1] beherrscht. Das Lernen mit Kassetten bietet gewissermaßen nur einen kleinen "Ausschnitt" der Suggestopädie.

Ein Seminar ist also um ein vielfaches effektiver als das Heimstudium mit Kassetten, für das Sie zudem noch die Zeit, Disziplin und Ausdauer brauchen, um die Kassetten dann auch regelmäßig zu hören. Dies sollten Sie bedenken, wenn Sie sich Superlearning-Kassetten kaufen. Unter den gerade genannten Einschränkungen bieten jedoch die am Markt erhältlichen Kassetten größtenteils gute Qualität. Achten Sie allerdings darauf, daß die Kassetten die zu lernende Sprache auch "in Aktion" präsentieren. Sie sollten also Szenen aus dem Alltag enthalten und am besten spannend wie ein Hörspiel sein. Weniger empfehlenswert sind demgegenüber solche Kassetten, die nur aus mit Musik untermalten Vokabellisten bestehen. Am besten ist eine Kombination: Auf der Kassette sollte sowohl die Anwendung der Sprache zu hören sein als auch danach die im Hörspiel verwendeten Vokabeln zur Wiederholung.

Kann ich auch andere Dinge suggestopädisch lernen?

Ja, das geht. Zunehmend wird daran gearbeitet, auch andere Gebiete, außer Sprachen, auf suggestopädische Art und Weise zu vermitteln. Natürlich kann nicht jedes Element der Suggestopädie einfach blind übertragen werden, sondern die Methode muß den Eigenschaften des jeweiligen Lernstoffs angepaßt werden.[2]

---

1 Zum Beispiel das Autogene Training oder die im Spaßlerndenk-Seminar vermittelte Alpha-Entspannung. (Siehe hierzu auch S. 176 ff.)

2 Vgl. den Anhang (S. 170 ff.) dieses Buches.

Lernen im Schlaf

Kann man im Schlaf lernen? Ja, das geht. Unser Schlaf besteht aus Traumphasen (REM-Phasen)[1] und traumlosen Phasen. Nach heutigem Wissensstand ist es möglich, während unserer Traumphasen Informationen aufzunehmen. Ob wir auch während der traumlosen Phasen Informationen aufnehmen, weiß man bisher nicht sicher, es scheint aber auch möglich zu sein.

Wie kann ich im Schlaf lernen?

Sie benötigen verschiedene Hilfsmittel: einen Kassettenrekorder, eine Zeitschaltuhr und ein oder mehrere Endlosbänder.[2] Es gibt Endlosbänder mit zwei, drei und sechs Minuten Länge. In sechs Minuten können Sie schon recht viele Informationen unterbringen. Endlosbänder bestehen aus einer komplizierten Wickeltechnik, so daß das Band nach sechs Minuten wieder von vorne durchläuft und das "endlos", das heißt so lange, bis Sie den Kassettenrekorder ausschalten. Leichter geht alles, wenn Sie, statt eines Kassettenrekorders, einen CD-Player einsetzen und eine CD selbst besprechen und brennen können.

Sie sprechen zuerst die Informationen, die Sie nachts lernen wollen, auf ihr Endlosband oder Ihre CD und legen es in den Kassettenrekorder/CD-Player. Danach stellen Sie ihre Zeitschaltuhr so, daß der Kassettenrekorder/CD-Player startet, wenn Sie bereits ca. eine Stunde schlafen. Wenn Sie also um halb zwölf ins Bett gehen und wissen, daß Sie in der Regel noch ca. eine Viertelstunde wachliegen und danach erst einschlafen, sollte der Kassettenrekorder ca. um Viertel vor eins starten. Das Band mit den Informationen läuft nun die ganze Nacht, also während Ihrer traumlosen Phasen und während Ihrer Träume. Sie können Ihre Zeitschaltuhr natürlich auch so programmieren, daß das Band nur zwei oder drei Stunden läuft. Dadurch "erwischen" Sie natürlich weniger Traumphasen.

---

[1] REM steht für "rapid eye movement", deutsch: schnelle Augenbewegung. In Schlaflabors haben Wissenschaftler herausgefunden, daß diese Phase der schnellen Augenbewegung, sichtbar an flatternden Augenlidern, auf eine Traumphase des Schläfers schließen läßt.

[2] Endlosbänder, die Sie für das Lernen im Schlaf brauchen, sind im Handel kaum noch zu bekommen. Es gibt sie bei der Firma "Ton- und Datenträger Flödl“, Wäckerlerstr. 6, 86473 Ziemetshausen, Tel. 08284-99950.

Was ist zu beachten?

Wegen der speziellen Wickeltechnik der Endlosbänder ist es wichtig, für diese Bänder einen Kassettenrekorder zu benutzen, in dem das Band *waagerecht* liegt. In einer Stereoanlage versagt die Wickeltechnik, wenn dort die Kassetten senkrecht abgespielt werden. Dies kann zu einer teuren Reparatur führen. Wenn Sie CDs einsetzen, taucht dieses Problem allerdings nicht auf.

Bitte stellen Sie den Lautstärkeregler des Kassettenrekorders/CD-Players möglichst leise, so daß Sie auf keinen Fall während der Nacht durch das Band wach werden. Sie werden sich wundern, wie hellhörig Sie in der Nacht plötzlich sind. Eventuell empfiehlt es sich auch, den Kassettenrekorder/CD-Player weiter vom Bett wegzustellen.

Was bringt das Lernen im Schlaf?

Lassen Sie den Lerntext ca. drei Nächte laufen und schauen Sie ihn sich danach an. Sie werden angenehm überrascht sein, wieviel Sie schon wissen. Das Lernen im Schlaf macht uns den vorher fremden Lernstoff vertraut. Er wird nachts auf einer zunächst unbewußten Ebene gespeichert. Wenn wir uns unseren Text nachher im Wachbewußtsein anschauen, dann dient dies im Grunde genommen dazu, uns bewußt zu machen, wieviel wir schon wissen. Sie können also durch das Lernen im Schlaf sehr viel Zeit gewinnen. Beachten Sie allerdings, daß während des Schlafes unser Wachbewußtsein ausgeschaltet ist. Dies bedeutet einfach, daß wir im Schlaf lernen, ohne zunächst zu verstehen. Deswegen beschränken wir den Lernstoff auf maximal sechs Minuten, also die maximale Länge eines Endlosbandes und lassen diesen Sechs-Minuten-Text immer wieder laufen.

Das Lernen im Schlaf kann uns auch helfen, uns mit einem völlig fremden Lerngebiet zunächst vertraut zu machen.

Sprechen Sie einfach den neuen und fremden Lernstoff auf Ihr Endlosband und lassen Sie ihn ca. drei Nächte laufen. Danach nehmen Sie sich den Text im Wachbewußtsein vor. Sie werden feststellen, daß Ihnen der vorher fremde Text vertraut erscheint und Sie ihn nun leicht und schnell aufnehmen können.

Gibt es Nachteile?

Es ist von Mensch zu Mensch verschieden, ob das Lernen im Schlaf zu empfehlen ist oder nicht. Der entscheidende Faktor ist, wie tief der jeweilige Mensch schläft. Wenn Sie feststellen, daß Sie sich durch das Lernen im Schlaf in der Nacht nicht mehr so gut erholen, dann wenden Sie es bitte nur selten an. Im Schlaf sollten wir uns in allererster Linie erholen und regenerieren.

Es kann auch sein, daß der Lernstoff, den Sie nachts hören, sich in Ihre Träume "einmischt". Entscheiden Sie selbst, ob Ihnen das angenehm ist oder nicht. Grundsätzlich empfiehlt es sich, nicht jede Nacht das Band laufen zu lassen, sondern auch Nächte ohne laufendes Band zu schlafen, damit unserem Bewußtsein Zeit bleibt, den Lernstoff zu verarbeiten und zu speichern.

Kapitel 7

Wie man sich bei Prüfungen hilft

Die Angst vor einer Prüfung quält sehr viele Menschen. Wir haben daher Frau Mnemo um Tips gebeten, die in diesem Kapitel zusammengefaßt sind.

Glaubenssätze

Vor der Prüfung wird Sie Ihr Gedächtnis an andere Prüfungen erinnern. Dabei werden möglicherweise auch Ängste "hochkommen". Greifen Sie zu einem einfachen und wirksamen Rezept.

Schreiben Sie jede hochkommende Angst in der Form eines Glaubenssatzes auf. Schreiben Sie also zum Beispiel auf: "Für mich ist die Zeit in der Prüfung immer zu knapp", "Ich brauche zu lange", "Ich schaffe es nicht" etc., etc.

Dann verbrennen Sie diese Sätze.

Gebet/Meditation

Es geht hier nicht um Weltanschauung, sondern um praktischen Nutzen für eine entscheidende Situation, wie sie eine Prüfung nun mal ist. Vor einer Prüfungssituation zu beten oder zu meditieren ist ein Konzept, das so alt ist wie die Menschheit. Es funktioniert.

Die Prüfung rückt näher

Stellen Sie sich vor, daß Sie in wenigen Wochen eine wichtige Prüfung abzulegen haben. Diese Prüfung ist für Ihr berufliches Weiterkommen entscheidend; es handelt sich zum Beispiel um Ihre Abschlußprüfung.

Wie fühlen Sie sich, wenn Sie daran denken? Freuen Sie sich? Denken Sie erwartungsvoll an den Tag der Prüfung, damit Sie endlich zeigen können, was Sie gelernt haben? Oder haben Sie ein schlechtes Gefühl in der Magengegend, ein Gefühl von Beklemmung und feuchte Hände?

In dieser Situation ist das Arbeiten mit geistigen Vorstellungsbildern wichtiger denn je. Visualisieren Sie mit Hilfe des geistigen Bildschirms immer wieder Ihren Prüfungserfolg.[1]

Sorgen Sie für seelische Ausgeglichenheit

Je näher die Prüfung rückt, desto wichtiger wird es, alles zu tun, was unsere seelische Ausgeglichenheit fördert, und alles zu unterlassen, was unsere seelische Ausgeglichenheit stört. Spätestens zwei Wochen vor der entscheidenden Prüfung sollten Sie die Aufnahme neuer Informationen abgeschlossen haben und ab dann nur noch den bekannten Lernstoff wiederholen. Ein bis zwei Tage vor der Prüfung sollten Sie nur noch ganz wenig wiederholen und statt dessen Dinge tun, die Sie entspannen. Spazierengehen in der Natur empfiehlt sich hier sehr. Die Ausstrahlung eines Waldes oder einer Wiese wirkt beruhigend, die gleichförmige rhythmische Körperbewegung beim Gehen tut ihr übriges. Auch Sport ist natürlich sinnvoll, zum Beispiel Schwimmen.

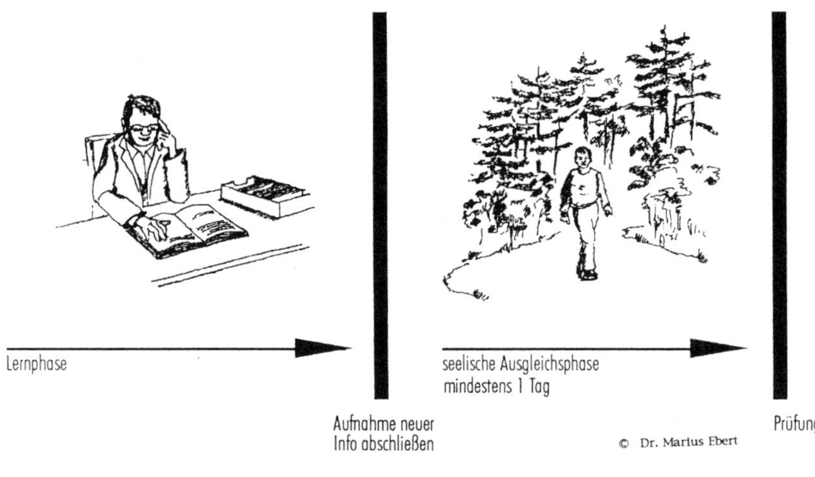

[1] In den Spaßlerndenk-Seminaren (vgl. Anhang ab S. 170) werden praktische Techniken trainiert, um Prüfungsängste zu überwinden.

Gerüchte und Horrorgeschichten

Je näher die Prüfung rückt, desto mehr werden Sie auch Geschichten hören, die diese Prüfung betreffen. Diese Geschichten haben merkwürdigerweise fast alle den gleichen Tenor: Bei der Prüfung handele es sich um eine nur wenig gemilderte Form der Hölle auf Erden. Woher kommt das? Wieso wird von einer Prüfung ein dermaßen negatives Bild gezeichnet? Die Antwort auf diese Frage findet man, wenn man schaut, *wer* diese Geschichten erzählt. Wer eine Prüfung erfolgreich absolviert hat, steuert meistens schon sein nächstes Ziel an. Er beschäftigt sich gedanklich nicht mehr damit. Es sind also in den allermeisten Fällen die „Durchfaller", die diese Horrorgeschichten erzählen. Und sie haben dafür auch einen klaren Grund: Ein „Durchfaller" will nicht selber schuld gewesen sein.

Außerdem gilt: „Angsthasen" suchen sich andere „Angsthasen". Wer Angst hat, sucht sich andere Menschen, um seine Angst mitzuteilen. So werden diese Geschichten verbreitet und bei jedem Mal noch weiter ausgeschmückt und weiter übertrieben. Wenn Ihnen das bewußt ist, können Sie mit diesen Geschichten besser umgehen. Am besten, Sie hören gar nicht mehr hin.

Am Tag der Prüfung ...

... sollte bereits alles bereitliegen, was Sie für die Prüfung selber brauchen (Schreibgerät, Taschenrechner etc.). Legen Sie sich Ihre Unterlagen bereits am *Vorabend* vollständig zurecht. Am besten, Sie hören am Morgen der Prüfung Musik (über Walkman), statt sich durch ständiges "gedankliches Wühlen" im Prüfungsstoff verrückt zu machen. Die folgende Checkliste kann helfen

Checkliste vor der Prüfung

• Fachliche Vorbereitung spätestens ein bis zwei Tage vor dem Prüfungstag abgeschlossen?

• Seelische Ausgeglichenheit am Tag vor der Prüfung hergestellt? (Kino, Sauna, Spazierengehen, Ausflug etc.)

- Schreibgeräte bereitliegend?
- Taschenrechner bereitliegend? Batterien ausreichend? Ersatzgerät?
- Evtl. Lineal, Geodreieck bereitliegend?
- Anfahrt zum Prüfungsort geplant? (Zeitbedarf)
- Parkmöglichkeiten eruiert?
- Pausennahrung bereitliegend?
- Getränke bereitliegend?
- Einladung zur Prüfung bereitliegend? (Prüflingsnummer etc.)

Die Streßblockade

In der Prüfung selber ist Ihnen vielleicht schon einmal passiert, was eingangs in diesem Buch beschrieben wurde: Sie haben in der Prüfung gesessen und Ihnen ist die Antwort nicht eingefallen, obwohl Sie den Stoff gelernt hatten. Während wir immer verzweifelter nach der Antwort suchten, haben Streß und Angst in unserem Gehirn längst zu einer Blockade geführt. Seine hochkomplizierten chemischen Prozesse reagieren äußerst empfindlich. Wir wollen uns diese Zusammenhänge einmal genauer verdeutlichen. Hierfür betrachten wir zunächst den Aufbau eines Neurons, also einer Gehirnzelle.

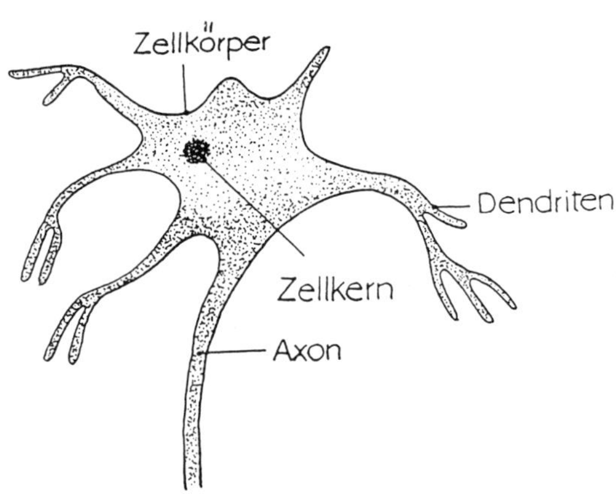

Sie sehen den Zellkörper mit dem Zellkern. Die geißelartigen Fortbildungen oben am Zellkörper sind die Informationsempfänger. Man nennt sie Dendriten. Die lange, schwanzartige Fortbildung am unteren Teil der Zelle ist der Sender, der Informationen weiterleitet. Der Sender der Gehirnzelle wird Axon genannt.

Das Netzwerk unserer Gehirnzellen

Zwischen den einzelnen Gehirnzellen gibt es nun die verschiedensten Verknüpfungen. Ein Axon kann sich mit einem Dendriten oder mit einem anderen Axon verknüpfen oder auch mit einem Zellkern. Die Dendriten der Zelle können sich ebenfalls mit einem Axon, einem Dendriten oder auch mit dem Zellkern einer oder mehrerer anderer Zellen verbinden. Oft verzweigen die Dendriten sich, um Signale von Tausenden anderer Neuronen aufzunehmen. So ergibt sich ein dreidimensionales Netzwerk aus ca. 10 Milliarden Neuronen.[1] Dieses Netzwerk entsteht wesentlich erst *nach* unserer Geburt und zwar vor allem in den ersten drei Monaten unseres Lebens.[2]

Der Informationsfluß in unserem Gehirn

Stellen wir uns nun vereinfachend vor, daß zwei Gehirnzellen folgendermaßen hintereinandergeschaltet sind:

---

1 Allerdings kennt niemand die genaue Zahl. Die Schätzungen schwanken zwischen 10 und 180 Milliarden. Noch schwindelerregender ist die Zahl der Verknüpfungen zwischen den Neuronen. Niedrige Schätzungen besagen, daß es in unserem Gehirn ca. 100 Billionen Synapsen (= Verknüpfungsstellen) gibt.

2 Man hat herausgefunden, daß die Gehirnzellen sich so verdrahten, daß sie möglichst gut mit *derjenigen* Umwelt zurechtkommen, die in den ersten Lebenswochen wahrgenommen wird. Wieviel Hautkontakt ein Baby hat, wie oft es Wälder und Wiesen wahrnimmt, wie abwechslungsreich insgesamt seine Umgebung ist, hat also einen starken Einfluß auf die Vernetzung seiner Gehirnzellen. Vgl. dazu insbesondere das hervorragende Buch von Frederic Vester: "Denken, Lernen, Vergessen".

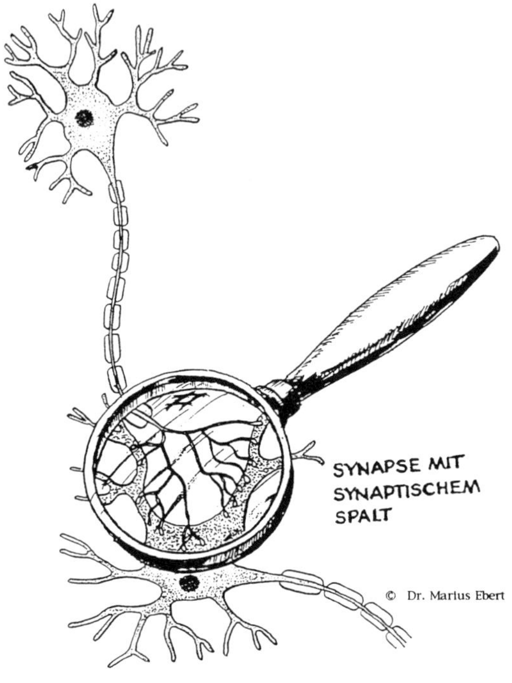

Man kann sich nun vorstellen, wie die Informationen in unserem Gehirn die Leitungsbahnen der Neuronen entlangfließen. Dort, wo ein Neuron endet und das nächste beginnt, kann die Information allerdings zunächst nicht einfach weitergeleitet werden. Die Gehirnzelle ist nämlich nicht unmittelbar an die andere Zelle angeschlossen. Statt dessen gibt es einen mikroskopisch kleinen Spalt zwischen den beiden Zellen. Man nennt diesen Spalt den "synaptischen Spalt". Die Verknüpfungsstelle insgesamt heißt "Synapse".

An diesen Synapsen entscheidet sich, ob eine Information weitergeleitet wird oder nicht. Geraten wir in Angst oder Panik, kommt es genau an diesen Synapsen zu einer Streßblockade. Die Informationen werden nicht über den synaptischen Spalt zur nächsten Zelle übermittelt. Erst wenn der Streß vorbei ist, fließt die Information wieder ungehindert. Das ist meistens dann der Fall, wenn wir den Prüfungsraum verlassen haben. Plötzlich ist alles "wieder da" - nur leider zu spät.

Raubtiere aus grauer Vorzeit bestimmen uns

Um diese Reaktion unseres Gehirns zu verstehen, müssen wir für einen Moment das Leben unserer Vorfahren betrachten. Als unsere Vorfahren noch durch die Urwälder zogen, war ihre Welt in vieler Hinsicht voller großer Gefahren. Hinter jedem Busch konnte ein gefährliches Raubtier lauern. Nahm unser Vorfahr ein solches Tier wahr, mußte er bereit sein, sofort zu reagieren. Diese Reaktion steuert der Hirnstamm, der auch Reptiliengehirn genannt wird. Das Reptiliengehirn ist zuständig für unsere Wachsamkeit und für Flucht- oder Kampfverhalten. Es ist der älteste Bauteil unseres Gehirns und ca. 500 Millionen Jahre alt.[1] Wenn nun unser Vorfahr ein solch gefährliches Raubtier wahrnahm, erhielt sein Reptiliengehirn in dieser Situation den Impuls: Achtung! Lebensbedrohende Gefahr! Sofort wurden die entsprechenden Maßnahmen eingeleitet: Sein Körper konzentrierte alle seine Energie darauf, den Organismus auf die lebensrettende Flucht einzustellen. Sämtliche anderen Funktionen wurden sofort blockiert.

Der Prüfer wird zum Raubtier

Wenn wir heute zu einer mündlichen Prüfung antreten müssen und dabei einem gestrengen Prüfer in die Augen schauen, reagieren wir ganz genauso. Unser Organismus erhält den Impuls: Achtung! Gefahr!, blokkiert alle Leitungen und stellt sich auf die Flucht ein. Erst wenn für unser subjektives Empfinden die Gefahr vorüber ist, wird diese Blockade aufgehoben. Dies geschieht meistens draußen vor der Tür des Prüfungsraums, wenn der Prüfer (das gefährliche Raubtier) aus unserem Blickfeld verschwunden ist.

[1] Wenn Sie die Zeigefinger zu beiden Seiten des Kopfes unter die Ohrläppchen legen, dann liegt der Hirnstamm jetzt im Zwischenraum zwischen Ihren Fingern.

Wir sehen diese Situation vor allem deswegen als gefährlich an, weil sie uns unbekannt erscheint. Unbekanntes ist aber für unser Reptiliengehirn gleichbedeutend mit Gefahr.

Wir machen uns Fremdes vertraut

Zur richtigen Einstimmung gehört also auch, daß wir uns alle Dinge, die mit der Prüfung zu tun haben, möglichst vertraut machen. Wenn wir zum Beispiel nur den Namen unseres mündlichen Prüfers kennen, so ist es oft gar nicht so schwierig herauszufinden, wie dieser Mensch aussieht. Wenn unsere Prüfung in einem fremden Raum stattfindet, sollten wir uns, wenn möglich, diesen Raum vorher ansehen, ihn empfinden und uns bereits gedanklich in die Prüfungsatmosphäre einfühlen. Bei vielen Prüfungen kann man hinten im Raum als stiller Zuhörer teilnehmen. Dies sollten wir unbedingt rechtzeitig getan haben, bevor wir selber vorne als Kandidat sitzen.

Wir schauen dem Prüfer in die Augen

Wenn wir dann selber vorne sitzen, ist es sehr wichtig, dem Prüfer in die Augen zu schauen. "Wer den Kopf hängen läßt, reizt zu Nackenschlägen", sagt der Volksmund. Umgekehrt gilt: Allein durch selbstbewußtes Auftreten kann man seine mündliche Prüfungsnote verbessern.

Wir greifen sofort die Frage auf

Langes Schweigen in einer mündlichen Prüfungssituation muß unbedingt vermieden werden. Deswegen sollten wir sofort anfangen zu sprechen, nachdem der Prüfer seine Frage gestellt hat. Wir greifen einfach die Frage auf. Zum Beispiel so: "Sie möchten also von mir, daß ich zunächst einmal ..." Noch besser ist es, dem Prüfer zu signalisieren, daß man verstanden hat, worauf er hinauswill: "Ich soll also das Teilgebiet XYZ erst einmal einordnen ..." Eine weitere Möglichkeit, sofort mit dem Sprechen zu beginnen, sieht folgendermaßen aus: "Es ist sicher sinnvoll, zunächst einmal die in Ihrer Frage verwendeten *Begriffe zu definieren*, bevor ich sie beantworte ..."

Wir denken laut

Es gibt Prüfer, die *Wissen* prüfen, und es gibt Prüfer, die *Verständnis* prüfen. Vor allem dann, wenn wir auf Verständnis hin geprüft werden, ist es wichtig, *laut zu denken*. Viele Prüflinge nehmen irrtümlich an, daß der Prüfer sofort eine perfekte Antwort erwartet. Im Gegenteil: Der Prüfer will Einblick in unsere Gedankengänge nehmen.

Nicht am Detail festbeißen, auf den Kern besinnen

Es passiert relativ oft, daß uns in der mündlichen Prüfungssituation Details im Moment nicht einfallen wollen. Hier helfen wir uns, indem wir uns auf den Grundgedanken besinnen und zunächst diesen formulieren. Statt zu sagen: "Das Teilgebiet XYZ besteht aus verschiedenen Unterpunkten, welche lauten äh, äh ...", sagen wir: "Das Teilgebiet XYZ besteht aus verschiedenen Unterpunkten, wobei es im Kern um ... geht." Hierdurch haben wir die entscheidenden Sekunden Zeit gewonnen, so daß uns dann sicher auch wieder einige Details einfallen.

Nun betrachten wir die schriftliche Prüfungssituation.

Erfolgserlebnisse sammeln

In der Prüfung selber kommt es entscheidend auf einen guten Start an. Deswegen ist es sehr wichtig, mit einem Erfolgserlebnis zu starten. Beginnen Sie in einer schriftlichen Prüfung immer mit einer Frage, die Sie gut beantworten können, und stellen Sie die anderen Fragen zunächst zurück.

Abruf von Informationen in drei Schritten

Wie können wir uns helfen, wenn wir vor einem Fragebogen sitzen und uns fällt die Antwort zu einer Frage nicht ein? Wir bitten noch einmal Frau Mnemo um Rat. "Das", sagt Frau Mnemo, "ist eine der wichtigsten Fragen überhaupt. Die erste Regel lautet: Sammle Erfolgserlebnisse! Wir, das Gedächtnispersonal, empfehlen folgendes: Der Prüfungskandidat sollte sich im ersten Schritt den Prüfungsbogen vornehmen und *die* Fragen beantworten, deren Antworten ihm unmittelbar einfallen. Sollte er auf Fragen stoßen, die er spontan nicht beantworten kann, halte er sich im ersten Schritt nicht länger bei ihnen auf. Der Prüfling kommt so gar nicht in die Gefahr einer Streßblockade. Im Gegenteil, er gewinnt Sicherheit."[1]

Zweiter Schritt

"Im zweiten Schritt sollte er sich die Fragen vornehmen, die nach dem ersten Durchgang offengeblieben sind, und dann möglichst viele Auslösemechanismen verwenden."

"Was bedeutet das?", fragen wir.

"Nun", antwortet Frau Mnemo, "stellen Sie sich vor, daß wir hier im Gedächtnis inzwischen auf Hochtouren arbeiten. Wir versuchen wirklich alles, um die richtigen Antworten zu finden. Nur - ***wir brauchen Hinweise, wo wir suchen sollen!*** Wenn der richtige Auslösemechanismus benutzt wird, können wir sofort alle Informationen finden!"

---

[1] Frau Mnemo hat außerdem nichts gegen ein harmloses äußeres Hilfsmittel einzuwenden: Glukose, die in Form von Traubenzucker z. B. während einer schriftlichen Prüfung (zusammen mit ausreichend Flüssigkeit!) eingenommen werden kann und das Erinnerungsvermögen verbessert.

Unser Gehirn reagiert auf Auslöser

Wir unterbrechen Frau Mnemo kurz, um uns diesen Mechanismus noch einmal bewußt zu machen: Wir stellen uns vor, uns fällt plötzlich beim Aufräumen ein altes, schon etwas vergilbtes Foto in die Hände, zum Beispiel ein Klassenfoto aus unserer Schulzeit. Wir betrachten es, und plötzlich entstehen vor unserem geistigen Auge Szenen aus unserer Erinnerung. Wir "sehen" uns plötzlich in unserer Schulzeit, wir "hören" die Stimmen unserer Klassenkameraden, wir erinnern uns teilweise sogar an Details, wie zum Beispiel, daß die Strümpfe, die wir damals tragen mußten, immer gekratzt haben und daß es im Klassenzimmer immer ein bißchen muffig roch. Das Klassenfoto hat also Erinnerungen in uns ausgelöst, an die wir einige Minuten vorher überhaupt nicht gedacht haben, ja von denen wir selbst nicht geglaubt haben, sie noch so genau abrufen zu können.

Je mehr Auslöser, desto besser

Frau Mnemo ergreift wieder das Wort: "Sie sollten in dieser Prüfungssituation möglichst viele Auslösemechanismen einsetzen. Denken Sie an den Lehrer, bei dem Sie den Stoff gehört haben, gehen Sie die Stichworte durch, die Sie sich eingeprägt haben. Stellen Sie sich die Tafel vor, auf der die Information gestanden hat. Denken Sie an die Stimme Ihres Freundes, der Ihnen den Stoff erklärt hat, usw."[1]

Gedankensplitter unbedingt aufschreiben

"Schreiben Sie bitte alles auf, was Sie noch wissen, selbst wenn es zunächst nur Bruchstücke sind", betont Frau Mnemo. "Nehmen wir an, in der Prüfung würden Sie nach dem Aufbau und den Bestandteilen einer Gehirnzelle gefragt. Sie haben zunächst nur ein vages Bild vor Augen. Malen Sie es hin! Oder - Ihnen fällt nur noch das Wort 'Dendriten' ein. Schreiben Sie es auf! Konzentrieren Sie sich grundsätzlich auf das, was Sie wissen, und nicht auf das, was Sie nicht wissen. Wo schon etwas steht, kommt leicht etwas hinzu, das heißt, die nächste Information wird leicht ausgelöst."

---

[1] Im Spaßlerndenk-Seminar (vgl. Anhang, S. 170 ff.) trainieren die Seminarteilnehmer für solche Situationen einen hochwirksamen Auslösemechanismus.

Variieren Sie die Fragestellung

Manchmal wird die Frage nicht genauso gestellt, wie wir sie gelernt haben. Wenn uns nicht gleich eine Antwort einfällt, kann es hilfreich sein, die Fragestellung zu variieren, indem wir zum Beispiel Verb und Substantiv der Frage durch ähnliche Worte oder Formulierungen ersetzen.

Was ist Semantik ?

- bedeutet
- meint
- will ... aussagen
- steht ... für
- drückt ... aus

Uns leuchtet ein, daß wir uns auf diesem Wege wieder an viele Dinge erinnern können. Was aber, denken wir bei uns, wenn wir die gesuchte Information gar nicht gelernt haben?

Fast scheint es, als habe Frau Mnemo unsere Gedanken gelesen. Sie rückt etwas näher an uns heran, ihre Stimme wird leiser: "Mit etwas Training können Sie auch oft an Informationen herankommen, die Sie gar nicht gelernt haben."

Erzeugung gezielter Einfälle ist möglich

Wir müssen einen Moment tief durchatmen, um das Gehörte zu verarbeiten. Dinge plötzlich zu wissen, die wir nicht gelernt haben, das klingt faszinierend und unglaublich zugleich. Obwohl -, wenn wir genauer darüber nachdenken, ist das, was Frau Mnemo meint, nicht genau das, was man einen "Einfall" nennt?

"Richtig!" sagt sie, und es scheint schon wieder, als habe sie unsere Gedanken gelesen. "Wenn Sie in einer Prüfung vor einer Frage sitzen, deren Antwort Sie nicht wissen, wird Ihnen Ihr Intellekt wahrscheinlich raten aufzugeben. Was hat es für einen Sinn, noch nach Antworten zu suchen, wenn man doch genau weiß, daß man die Fragen nicht beantworten kann? Trotzdem sind manche Dinge möglich, die unser Intellekt vielleicht nicht fassen kann."

Wir schweigen einen Moment, um nachzudenken. Wir denken daran, daß es seit Urzeiten in vielen philosophischen und esoterischen Traditionen die Vorstellung gibt, daß unsere Gedanken gespeichert werden.[1] Wenn das stimmt, warum sollten wir dann solche Gedanken nicht auch abrufen können? Auf jeden Fall lohnt es sich, es zu probieren. Wir können schließlich nur gewinnen.

Lösung strukturieren

Wenn Ihnen dann Dinge einfallen, ist das so, als würde in Ihrem Kopf eine Wasserfontäne hochschießen.

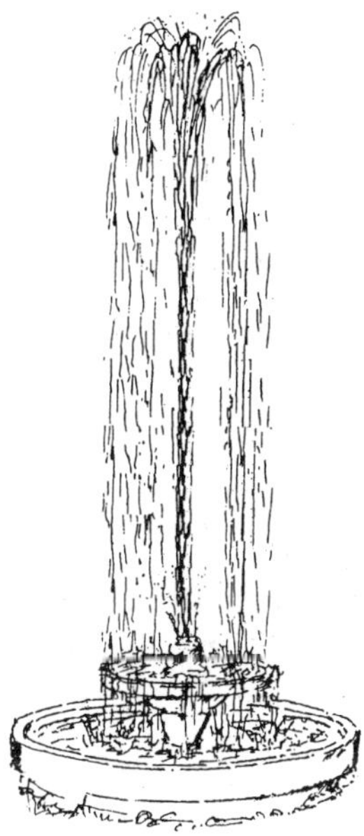

[1] In der Esoterik oder auch z. B. in der anthroposophischen Philosophie bezeichnet man den "Ort", wo unsere Gedanken gespeichert werden, als "Akasha Chronik". Seit einiger Zeit wird das Phänomen, daß Gedanken gespeichert werden, auch wissenschaftlich untersucht, z. B. in dem Buch von Rupert Sheldrake, "Das Gedächtnis der Natur".

Das Gedächtnispersonal liefert blitzartig Informationen - aber in diesem Moment leider noch völlig unstrukturiert. Sie sollten also ein geistiges Ordnungssysstem haben, um dieses Wissen zu strukturieren. Dieses Ordnungssystem lautet z. B.

- Begriffsdefinition

- praktisches Beispiel

- Ausnahmefall

Wenn Sie sich vorher ein solches Ordnungssystem bewußt machen, können Sie das "hochschießende" Wissen sofort strukturieren, indem Sie es den obigen Begriffen zuordnen.

Manche Menschen geraten kurz vor oder während einer Prüfung in Panik. Folgendes kann helfen:

Prüfungspanik (1)

Prüfen Sie Ihre Einstellung! Ist es eine *Muß*-Einstellung? Glauben Sie, daß Sie die Prüfung unbedingt bestehen *müssen* , weil Sie glauben, sonst ein dummer Versager zu sein? „*Müssen*" bedeutet Zwang. Panik entsteht, wenn man glaubt, diesem Zwang nicht gerecht zu werden. Eine bessere Einstellung könnte sein:

Ich gebe mein Bestes. Wenn es klappt, ist alles gut. Wenn es nicht klappt, geht das Leben weiter. Beim nächsten Versuch werde ich es schon wieder besser machen.

Prüfungspanik (2)

Wenn Sie Panik in sich hochsteigen fühlen, konzentrieren Sie sich auf die Sprachformel der NASA-Astronauten. Sie lautet:

> Ich bin Ich.
> Und ich werde mit allem fertig.

Prüfungspanik (3)

In den dreißiger Jahren entdeckte ein englischer Arzt - Dr. Bach - die heilende Wirkung von Blüten und entwickelte die Bach-Blütentherapie, die das Energiefeld von Lebewesen harmonisiert statt auf chemischem Wege zu wirken. Für den Fall von Prüfungsängsten und Panikattacken sind die sogenannten „RQ 7-Tropfen" zu empfehlen. Diese Bezeichnung leitet sich ab von „Rescue" (englisch für Notfall, Rettung) und die „7" steht für die sieben Bestandteile dieser Mischung. Zu beziehen sind diese Tropfen bei

Korte PHI Essenzen
Hauptstraße 9
78267 Aach
Tel. 07774/7004

Eine 20-ml-Flasche kostet etwa 10 EURO zzgl. Porto und Verpackung.

Zweiter Hauptteil: Kreativität und Imagination

"Denken heißt Überschreiten."[1]

Kapitel 1

Wie wir lernen, unser Wissen zu nutzen

Im ersten Hauptteil haben wir uns ein Bild von unserem Langzeitgedächtnis geschaffen. Wir haben uns vorgestellt, daß es aus vielen Schubladen besteht, mit vielen Karteikarten darin. Alle diese Karteikarten enthalten Verweise auf andere Stichworte, wie in einer Bibliothek. Wenn wir von jeder Karteikarte einen dünnen Seidenfaden zu jeder anderen Karteikarte zögen, auf die hingewiesen wird, so erhielten wir sehr schnell ein Spinnennetz. Unser Gedächtnis ist also ein vernetztes System.[2]

Was tut ein Spinner? Er spinnt ständig neue Fäden, das heißt, er stellt neue gedankliche Verknüpfungen her. Ein Spinner liebt es besonders, Fäden zwischen Dingen zu knüpfen, die eigentlich gar nichts miteinander zu tun haben. Dadurch entwickelt ein Spinner neue Ideen.

Durch dieses Kapitel wird uns Herr Balduin Spinner führen.

Herr Spinner verdient viel Geld. Er hat eine eigene Firma und berät kleine und große Unternehmen. Sein "Institut für originelle Problemlösungen" läuft gut. "Ich spinne hauptberuflich", sagt Herr Spinner, wenn er nach seinem Beruf gefragt wird.[3]

---

1 Ernst Bloch, "Das Prinzip Hoffnung"

2 Dieses Bild findet seine Entsprechung in den vielfältigen Verknüpfungen der Neuronen, die im ersten Hauptteil beschrieben wurden.

3 Für astrologisch interessierte Leserinnen und Leser: Das Sternzeichen von Herrn Spinner ist - wie könnte es anders sein - Wassermann.

Zur Sache: ein Kreativitätstest

Nachdem wir Herrn Spinner begrüßt haben, bittet er darum, daß wir gleich zur Sache kommen. Er schlägt vor, zum Einstieg einen kleinen Kreativitätstest mit uns zu machen. Seine Aufgabe lautet: "Stellen Sie möglichst viele Verbindungen her zwischen einem Hund und einer Schraube! Lassen Sie dabei auch 'verrückte' Verbindungen entstehen!"

Wir legen los. Bitte machen Sie mit! Nach einigen Minuten haben wir tatsächliche eine Liste mit 10 Ideen erstellt. Bitte entwickeln Sie Ihre eigene Lösung, bevor Sie unsere Vorschläge lesen (Lösung im Anhang).

5 Minuten Zeit

Herr Spinner nickt zufrieden, nachdem er unsere Lösungsvorschläge gelesen hat. "Sie haben ein großes Ideenpotential, wie jeder Mensch", lobt er uns. "Sie haben gezeigt, daß Sie Ihr Wissen nutzen können."

Wissen zu haben ist gut, mit Wissen umgehen zu können ist besser

"Ich vertrete folgende These", fährt er fort: "Stellen Sie sich vor, Sie hätten alles Wissen der Welt in Ihrem Kopf gespeichert. Sie wären also in der Lage, endlos Fakten aus der Vergangenheit herunterzubeten."

Herr Spinner schaut uns tief in die Augen und fährt fort:

"Ich sage Ihnen etwas: Diese Fähigkeit ist nicht mehr wert als ca. 1.000 EURO! Soviel müssen Sie nämlich ungefähr anlegen, um sich ein gutes zwanzigbändiges Lexikon zu kaufen. Erst dadurch, daß wir unser Wissen richtig nutzen lernen, schaffen wir etwas Neues!"

Kreativitätsfeind Nr. 1: Gedankenträgheit

Her Spinner fährt fort: "Das erste, worin wir uns üben sollten, ist, unsere Gedankenträgheit zu überwinden. Ich will Ihnen dazu eine Geschichte erzählen." Herr Spinner erzählt uns das folgende Erlebnis aus dem spanischen Bürgerkrieg:

Ein Flüchtling hielt sich in der komfortablen Villa eines Freundes auf, als er vom Vormarsch der Franco-Truppen erfuhr. Es gab keinen Zweifel: Die Soldaten würden im Laufe der Nacht das Haus erreichen. Der Flüchtling mußte damit rechnen, erschossen zu werden. Nur durch Flucht konnte er sein Leben retten. Aber das Haus war warm und behaglich, die Nacht war kalt und regnerisch. Der Flüchtling blieb und ließ sich gefangennehmen. Sein Leben wurde später nur deswegen noch gerettet, weil sich ein befreundeter Journalist für ihn einsetzte.[1]

Herr Spinner erklärt: "Unsere Gedanken folgen dem gleichen Schema. Wir haben es viel lieber bequem und bleiben beim Bewährten, als daß wir etwas Neues wagen. Diese Haltung führt dazu, daß wir ein Leben lang ausgetretenen Pfaden folgen."

Wir nutzen die Gelegenheit, Herrn Spinner ein paar Fragen zu stellen, die uns aus diesem Dilemma herausführen könnten.

Der Weg zu neuen Ideen

"Wie schaffen Sie es, ständig neue Ideen zu entwickeln?" wollen wir wissen. "Ich habe bestimmte Regeln und Prinzipien", antwortet Herr Spinner. "Dürfen wir etwas mehr darüber erfahren?" fragen wir. "Gerne", antwortet Herr Spinner. "Ich habe die wichtigsten Regeln sogar schriftlich zusammengefaßt. Sehen Sie!"

---

[1] Entnommen aus: Erich Fromm, "Haben oder Sein".

Er zeigt uns ein Blatt Papier, das wir mit seiner Erlaubnis nachdrucken dürfen:

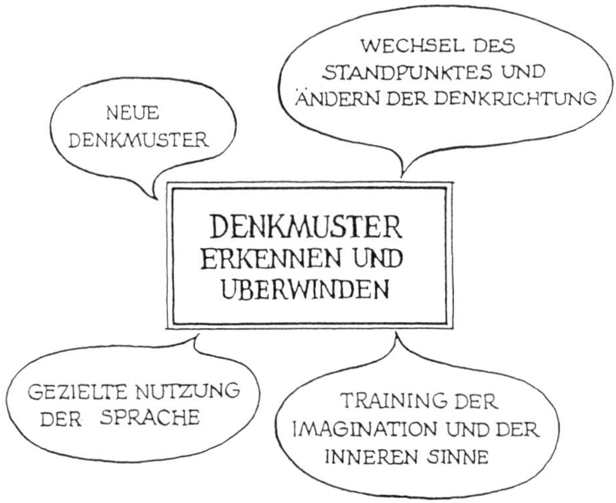

Prinzipien zur Steigerung der Kreativität
Copyright by Balduin Spinner

Kapitel 2

Wie wir Denkmuster erkennen und überwinden

Nachdem wir die Übersicht für einige Minuten betrachtet haben, bitten wir um weitere Erläuterungen. Herr Spinner sagt: "Kreativität dreht sich um die zentrale Forderung, daß wir eingefahrene Denkmuster erkennen und überwinden sollten. Ich könnte es auch mit dem Motto ausdrücken: 'Denken heißt überschreiten.' Lassen Sie mich mit einer Geschichte verdeutlichen, was ich meine:

Einst war der berühmte Prophet Mohammed auf der Flucht und wurde überall von den Wachen gesucht. Verzweifelt suchten seine Freunde nach einem Weg, um ihn aus der Stadt zu schmuggeln. Schließlich hatte sein Schwiegersohn Ali den rettenden Einfall: Er versteckte den Propheten in einem großen Korb, der auf dem Kopf getragen wird. Dann lud er sich die schwere Last auf den Kopf und balancierte sie zwischen den Wachen des Stadttores hindurch. "Was hast du in dem Korb?" fragte ihn streng ein Zöllner. "Mohammed, den Propheten", antwortete Ali. Die Wachen, die diese Wahheit für eine schlagfertige Frechheit hielten, lachten und ließen Ali passieren. [1]

Die lebensrettende Idee

Herr Spinner erklärt uns: "Ali kam die lebensrettende Idee dadurch, daß er das Denkmuster erkannte: Ein Mensch wird nicht in einem Tragekorb auf dem Kopf balanciert. Er durchbrach dieses Muster und profitierte gleichzeitig davon, daß die Wachen an diesem Denkmuster festhielten. Wir erkennen aber noch ein weiteres Denkmuster: Wer die meistgesuchte Person der Stadt versteckt, wird dies nicht offen erklären, dachten sich die Wachen. Ihr Denkmuster lautete: Geheimes wird immer verborgen gehalten."

---

[1] Entnommen aus: Nossrat Peseschkian, "Der Kaufmann und der Papagei".

Wir nicken Herrn Spinner zu, zum Zeichen, daß wir verstanden haben, was er sagen will, während wir an den Spionageroman denken, den wir einmal vor Jahren gelesen haben. Dort hatte der Spion die entscheidende Formel einfach in eine Zigarrenkiste auf seinem Schreibtisch gelegt. Seine Gegner stellten zwar das ganze Zimmer auf den Kopf und rissen sogar die Tapete von den Wänden, aber sie fanden die Formel nicht, weil sie einfach nicht auf die Idee kamen, an einem solchen Platz zu suchen.

Inspektor Columbos Fall

Herr Spinner fährt fort: "Eines der Denkmuster, das sich sehr tief eingeschliffen hat, ist unsere Art und Weise, die Lösung zu suchen. Wir richten unsere Aufmerksamkeit ganz automatisch nur auf ganz bestimmte Aspekte und übersehen dabei eventuell andere Aspekte, die uns die Lösung bringen könnten." Um dies zu verdeutlichen, erzählt uns Herr Spinner einen Fall des bekannten Fernsehinspektors Columbo.

In diesem Fall ging es um einen Mord, den ein Footballmanager begangen hatte. Der Mörder hatte auf geschickte Weise vorgetäuscht, er habe zur Tatzeit von seiner Managerkabine in der Stadiontribüne ein wichtiges Footballspiel seiner Mannschaft angesehen.

Tatsächlich befand er sich aber - als Eismann verkleidet - in einer Telefonzelle nahe am Tatort. Auf einem Kassettenrekorder hatte er vorher die Hintergrundgeräusche des Footballspiels aufgezeichnet. Diesen Kassettenrekorder ließ er laufen, während er von der Telefonzelle ein Telefonat führte und dabei so tat, als sei er in seiner Kabine und könne das Spiel verfolgen.

Ein scheinbar perfektes Alibi

Dieses Telefonat wurde aufgezeichnet, was der Mörder wußte. So entstand ein scheinbar perfektes Alibi. Als Inspektor Columbo zu beweisen versuchte, daß das Alibi nicht stimmte, hatte er eine besonders harte Nuß zu knacken. Er konzentrierte sich am Anfang seiner Suche darauf, in der Bandaufzeichnung des Telefonats irgendein Geräusch zu hören, das dort nicht hingehörte. Vergeblich. Schließlich kam ihm die entscheidende Idee, seine Überlegung umzudrehen: Er mußte nach einem Geräusch suchen, *das dort hingehörte,* aber nicht auf dem Band war. In der Managerkabine befand sich eine Uhr mit einem Glockenschlag. Diese Uhr hätte zum Zeitpunkt des Telefonats laut hörbar die Zeit anschlagen müssen. Der Glockenschlag war aber tatsächlich nicht auf dem Band.

Wir sehen also: Inspektor Columbos erster Lösungsansatz folgte einem Programm. Er achtete auf die Dinge die *sind*, statt auf die Dinge die *nicht* sind.

Die im Dunkeln sieht man nicht

Nachdem er das verdeutlicht hat, stellt uns Herr Spinner eine Aufgabe:

An einem Tennisturnier nehmen 111 Spieler teil.[1] Es ist ein Einzel-Ausscheidungsturnier. Unsere Aufgabe ist es festzulegen, wie viele Spiele bei dieser Teilnehmerzahl mindestens ausgetragen werden müssen. Bitte, liebe Leserin, lieber Leser, überlegen Sie kurz selbst, wie Sie die Aufgabe lösen würden, ehe Sie weiterlesen.

1 Minute Zeit

Wir machen uns an die Arbeit, nehmen ein Blatt Papier und basteln uns eine graphische Darstellung mit der Zahl der Aufsteiger für jede Runde. Herr Spinner schaut uns zu und wirkt leicht amüsiert. Das irritiert uns ein bißchen, und wir versuchen, ob wir das Problem nicht schneller lösen können, indem wir mit Zweierpotenzen arbeiten (4, 8, 16, 32 usw.).

"Die Lösung ist viel einfacher", sagt Herr Spinner schließlich. "Sie brauchen überhaupt nicht zu rechnen, wenn Sie ihre Aufmerksamkeit von den Siegern auf die Verlierer lenken. Dann wissen Sie sofort, daß die Lösung lautet: 110 Spiele. Es kann bei diesem Turnier nur einen Sieger geben, also muß es 110 Verlierer geben. Jeder Verlierer kann nur einmal spielen, also muß es 110 Spiele geben!"

---

1 Dieses Beispiel ist dem hervorragenden Buch "Laterales Denken" von Edward de Bono entnommen.

Personenbezogene Muster

"Ich habe festgestellt, daß es vor allem zwei Arten von Mustern gibt", sagt Herr Spinner. "Da sind einmal die personenbezogenen Muster, zum anderen sind da die situationsbezogenen Muster. Ich möchte zunächst die personenbezogenen Muster genauer erklären.

Wir haben in unseren Köpfen beispielsweise ein ganz bestimmtes Muster für einen Versicherungsvertreter, einen Politiker oder einen Arzt gebildet. So ist zum Beispiel denkbar, daß wir Versicherungsvertreter grundsätzlich für Lügner halten, die nur an ihrem Vorteil interessiert sind. Lernen wir einen Versicherungsvertreter kennen, so vermuten wir automatisch bei diesem Menschen genau die Persönlichkeitsmerkmale, die zu unserem Muster gehören. Entsprechend reagieren wir dann mit Abneigung gegenüber diesem Menschen. Unser Muster führt auch hier wieder dazu, daß wir diesen Menschen nicht in seiner Individualität erkennen und damit nicht sehen, was wir durch ihn vielleicht Neues lernen können. Statt dessen ordnen wir ihn ein. Durch diese Einordnung haben wir auch gleich ein Urteil gefällt, das eventuell nicht stimmt."

Wir sehen nur, was wir sehen wollen

"Leider", sagt Herr Spinner, "haben wir uns für so viele Menschen Muster vorgefertigt, daß wir nicht mehr erkennen, wenn etwas vom Muster abweicht."

Herr Spinner gibt uns wieder ein Beispiel: "Stellen Sie sich vor, Sie sind Privatdetektiv und haben den Auftrag erhalten, einen Mann namens Hans Weimar zu suchen. Sie wissen von ihrem Auftraggeber, daß Hans Weimar 35 Jahre alt ist, kurze blonde Stoppelhaare und einen Schnurrbart hat und immer teure Maßanzüge und Krawatten trägt. Sie haben sogar ein Foto von Hans Weimar gesehen und sich das Gesicht genau eingeprägt. Weiter haben Sie dann durch ihre Recherchen herausgefunden, daß Hans Weimar jeden Tag zwischen 12.00 Uhr und 13.00 Uhr das Lokal 'Zur Glocke' betritt, um dort zu Mittag zu essen.

Sie haben sich also kurz vor 12.00 Uhr im Lokal 'Zur Glocke' eingefunden und sich einen Platz gewählt, von dem aus Sie die Eingangstür gut einsehen können. Dort sitzen Sie nun und warten auf einen Mann mit Stoppelhaarschnitt und Schnauzbart, in einem teuren Maßanzug.

Gedankenmuster kontra neue Ideen

Würden Sie Hans Weimar auch dann noch erkennen, wenn er plötzlich aussähe wie ein Pennbruder, unrasiert, mit langen strähnigen Haaren in einem gammeligen Regenmantel? Würden Sie ihn erkennen, wenn er sich aus Tarnungsgründen zum Beispiel als Frau verkleidet hätte? Wenn er in einem Rollstuhl in das Lokal geschoben würde? Wenn er durch den Hintereingang käme? Würden Sie Hans Weimar erkennen, wenn er plötzlich, als Kellner verkleidet, an ihren Tisch treten würde, um Sie um Ihre Bestellung zu bitten?

Wahrscheinlich würden Sie alle diese Eindrücke nicht wahrnehmen, weil sie nicht zu Ihrem vorgefertigten Muster gehören!"

Situationsbezogene Muster

"Ich möchte nun durch eine Geschichte die situationsbezogenen Muster erläutern", sagt Herr Spinner. "Ein situationsbezogenes Muster zu haben bedeutet, daß wir eine ganz feste Vorstellungen von dem haben, was in einer bestimmten Situation passieren sollte[1] :

Der Chefarzt erzählt einem Freund von seinem Dienstjubiläum: Ich komme in die Klinik, kein Mensch gratuliert mir, nichts. Aber abends fragt mich unsere hübscheste Schwester, ob ich noch mit zu ihr nach Hause kommen will. Gesagt, getan. In der Wohnung verschwindet sie im Schlafzimmer und flüstert mir mit verführerischer Stimme noch zu: "Bitte erst reinkommen, wenn ich rufe!" Ich warte also, sie ruft endlich, ich rein ins Schlafzimmer - und da steht das ganze Personal der Klinik mit einem riesigen Blumenstrauß." Der Freund des Chefarztes: "Da warst du aber von den Socken, was?" "Nein, die Socken waren das einzige, was ich noch anhatte."

Nachdem uns durch die Beispiele einiges über uns selber klar geworden ist, fragen wir Herrn Spinner wieder: "Wäre es dann nicht besser, alle Muster abzuschaffen?" - "So einfach ist es nicht", antwortet Herr Spinner.

---

[1] Die in diesem Teil des Buches zitierten Witze sind der Untersuchung von Eike Christian Hirsch entnommen. Ihr Titel ist: "Der Witzableiter".

Einerseits brauchen wir Muster ...

"Das Dilemma ist", fährt Herr Spinner fort, "daß wir einerseits Muster brauchen, sie uns aber auf der anderen Seite behindern können. Stellen Sie sich vor, Sie sollten folgende Frage beantworten: 'Ist 30,-- EURO ein angemessener Preis?'

Mit Recht würden Sie fragen: 'Ein angemessener Preis für was?' Jetzt erfahren Sie, daß es sich um eine ganz normale Kinokarte handelt. Nun können Sie die Frage wahrscheinlich beantworten. Für die Antwort benutzen Sie ein vorhandenes Muster. Es lautet: Kinokarten kosten ca. zwischen 5,-- und 9,-- EURO. Danach können Sie die oben gestellte Frage beantworten. Sie kommen zu dem Urteil: Der Preis ist zu hoch. Um sich also in solchen Situationen schnell und sicher entscheiden zu können, helfen solche Gedankenmuster sehr."

... andererseits können Gedankenmuster uns behindern ...

"Jetzt möchte ich die andere Seite der Medaille beleuchten", sagt Herr Spinner. "Stellen Sie sich nun eine neue Situation vor. Sie haben gerade ein Seminar besucht, in dem Sie viele Dinge für Ihre persönliche Weiterentwicklung gelernt haben. Sie haben in diesem Seminar zum Beispiel gelernt, wie Gedanken funktionieren und wie man sie steuern kann. Nun erzählen Sie voller Begeisterung einem guten Freund von diesem Seminar. Dieser antwortet Ihnen, daß er von 'so etwas' gar nichts halte, und wechselt das Thema.

... weil wir zu schnell urteilen

Was ist passiert? Vermutlich hat Ihr Freund aufgrund eines unbewußten Musters geurteilt. Denkbar wäre, daß er vor einigen Wochen einmal einen reißerischen Bericht in einer Zeitung gelesen hat. Er las dort über einen Sektenführer in Amerika, der seine 'Jünger' wie Sklaven behandelt und von deren Vermögen in Saus und Braus lebt. Außerdem stand in dem Bericht, daß dieser Sektenführer als Teil seiner Heilslehre propagiert, daß man Gedanken steuern müsse.

So mag bei Ihrem Freund ein Gedankenmuster entstanden sein. Er hat in seinem Kopf eine sehr große Schublade eingerichtet. Ab jetzt wird er 'alle diese Dinge' in diese große Schublade legen und aburteilen. Weil sein Gedankenmuster nur sehr grob und völlig undifferenziert ist, wird er mit diesem Muster auch Dinge ablehnen, die nur vermeintlich zu seinem Muster passen, in Wirklichkeit aber dort nicht hingehören.

Je gröber das Muster, desto größer die Behinderung

Ihr Freund hat sich also selber verwehrt, neue Ideen zu entdecken. Leider urteilen die meisten Menschen aufgrund dieser sehr groben Muster und hindern sich selber daran, neue Erfahrungen zu machen und neue Ideen zu finden.

Wir können uns also merken: Unser Intellekt braucht Muster, aber sie sollten möglichst differenziert sein. Statt einer großen Schublade, die wir noch nicht einmal klar bezeichnen können, ist es besser, viele kleine Schubladen einzurichten. Je klarer wir diese vielen kleinen Schubladen bezeichnen können, desto bewußter sind wir uns gleichzeitig darüber, daß wir mit ihrer Hilfe urteilen.

Leider bleibt es nicht bei diesem einen Nachteil", erklärt Herr Spinner weiter. "Hinzu kommt, daß wir uns oft auf ein Muster fixieren. Nehmen wir an, daß die Geschichte folgendermaßen weitergeht:

Fixierung auf das Muster

Sie meinen jetzt, Sie könnten Ihrem Freund nun ganz klar seinen Denkfehler nachweisen. Dabei werden Sie wahrscheinlich Ihr blaues Wunder erleben. Wir neigen leider alle dazu, an einem einmal gebildeten Muster festzuhalten. Wir biegen eher die neuen Informationen so lange zurecht, bis sie zu unserem alten Muster passen, als daß wir uns ein neues Muster schaffen."

Herr Spinner demonstriert uns unsere Fixierung auf ein einmal gebildetes Muster anhand von zwei Bilderserien. Er bittet uns, die erste Bilderserie zunächst von links oben nach rechts unten zu betrachten.

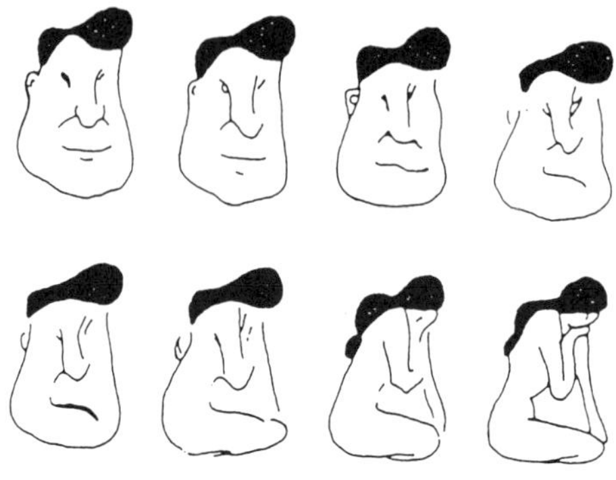

Beim zweiten Mal sollten wir rechts unten beginnen und links oben aufhören.[1]

Fangen wir oben links an, so erkennen wir ein Männergesicht, das auch in der zweiten Zeile noch gesehen wird und erst am Schluß in die Wahrnehmung eines Mädchens umschlägt. Beginnen wir umgekehrt unten rechts, so erkennen wir zunächst das Mädchen. Erst am Schluß schlägt diese Wahrnehmung in ein Männergesicht um. Die zweite Bilderserie sollte zunächst von oben nach unten und dann von unten nach oben gelesen werden.[2]

[1]Entnommen aus: Hermann Haken, "Erfolgsgeheimnisse der Wahrnehmung".

[2] Ebenfalls entnommen aus: Hermann Haken, "Erfolgsgeheimnisse der Wahrnehmung". Beginnen wir die Wörter von oben nach unten zu lesen, so erkennen wir dreimal "Chaos", und erst beim letzten Wort schlägt unsere Wahrnehmung in die von "Order" (Ordnung) um. Beginnen wir hingegen unten und lesen nach oben, so erkennen wir dreimal "Order", und erst beim letzten Wort nehmen wir wieder das Wort "Chaos" wahr.

Die beiden Bilderserien zeigen, wie schnell wir uns auf ein Muster fixieren. Dieser Aspekt ist sehr wichtig," sagt Herr Spinner, "deswegen möchte ich gerne noch ein weiteres Beispiel geben[2]:

Schwarzweißdenken

Stellen Sie sich vor, Sie haben zwei Muster. Das eine Muster lautet 'schwarz', das andere Muster lautet 'weiß'. Stellen Sie sich nun diese zwei Muster als zwei Schubladen vor. Die Informationen, die sie einordnen wollen, stellen Sie sich als kleine Bälle vor. Nun ordnen Sie zu: Die weißen Bälle kommen in die eine Schublade, die schwarzen kommen in die andere. Das geht eine Weile gut. Plötzlich haben Sie einen grauen Ball in der Hand. Was nun? Die meisten Menschen werden diesen Ball nun entweder zu den schwarzen oder zu den weißen Bällen werfen."

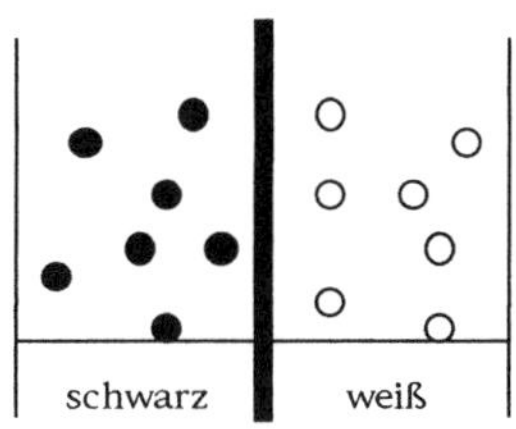

Herr Spinner ruft laut: *"Statt eine neue Schublade für graue Bälle einzurichten, werden sie in dieser Situation eher behaupten, daß der Ball schwarz oder weiß sei, damit Sie die neue Information in ihr vorhandenes Muster einordnen können!*

---

[2] Dieses Beispiel stammt ebenfalls aus dem Buch "Laterales Denken" von Edward de Bono.

Wir verzerren also die eingehenden Informationen lieber so lange, bis sie zu unserem etablierten Muster passen, anstatt ein neues Muster einzurichten."

Denkfaulheit kontra neue Muster

"Sie sehen", sagt Herr Spinner, "daß es einfacher ist, Informationen zu verändern, statt neue Muster zu schaffen. Schließlich hat es einige Energie gekostet, unsere Gedankenmuster einzurichten. In vielen Situationen sind wir also im wahrsten Sinne des Wortes denkfaul. Wir nehmen neue Informationen überhaupt nicht wahr, sondern verändern sie lieber so lange, bis sie zu unseren alten Mustern passen.

Alte Muster kontra neue Alternativen

Genauso faul sind wir, wenn wir ein neues Problem zu lösen haben. In solch einem Fall suchen wir nämlich oft zuerst unter unseren vorgefertigten Mustern, ob nicht vielleicht eines auf dieses Problem passen könnte."

Die Verhärtung von Mustern

"Am schlimmsten jedoch ist es", sagt Herr Spinner, "wenn sich in unseren Köpfen unsere Muster immer mehr verfestigen. Wir sollten sorgfältig darüber wachen, ob wir im Laufe unseres Lebens unsere Muster immer weiter einzementieren oder ob wir auch einmal bereit sind, uns von dem ein oder anderen Muster zu trennen. Leider", sagt Herr Spinner, "sind nur sehr wenige Menschen dazu bereit" und zitiert Max Planck, der einmal gesagt hat[1]:

Eine neue wissenschaftliche Wahrheit pflegt sich nicht in der Weise durchzusetzen, daß ihre Gegner überzeugt werden und sich als bekehrt erklären, sondern vielmehr dadurch, daß die Gegner allmählich aussterben und daß die heranwachsende Generation von vornherein mit der Wahrheit vertraut gemacht ist.

---

[1] Max Planck, "Wissenschaftliche Selbstbiographie".

Gefangen im eigenen Muster

Herr Spinner fährt fort: "Wir können sehr oft beobachten, daß jemand sich immer tiefer in sein Muster hineinbegibt, statt es loszulassen. Es ist bemerkenswert, daß wir in unserer Sprache noch kein Wort für diesen Zustand gebildet haben, der so oft vorkommt. Wir haben kein Verb, das ausdrückt, daß jemand sich in seinem eigenen Muster verfangen hat. Wir sprechen zwar davon, daß wir uns in etwas hineindenken. Aber es klingt (noch) ungewohnt, wenn wir sagen, daß sich jemand wieder aus etwas *herausdenken* muß. Ein solcher Mensch gleicht jemandem, der in einem tiefen Loch gefangensitzt, einem Loch, das er sich selbst gegraben hat.

Warum graben wir uns selber ein immer tieferes Loch? Der Mechanismus ist im Grunde einfach. Es fällt uns schwer, einen Fehler zuzugeben. Statt dessen denken wir uns immer tiefer in unseren Standpunkt hinein. Wir benutzen alle nur möglichen Argumente, um unsere Argumentation zu untermauern. Dadurch wird unser Loch immer tiefer.

Die rettende Leiter

Wie kommt ein solcher Mensch aus diesem Loch wieder heraus? Welche rettende Leiter kann er benutzen? Es ist ganz einfach. Seine rettende Leiter lautet: 'Ich habe mich zu sehr auf meinen Standpunkt festgelegt und werde jetzt diese Fixierung aufgeben.' Oder: 'Ich werde mich ganz schnell aus diesem Standpunkt wieder *heraus*denken.' Das ist schon alles. Wenn man sich bewußt macht, in welche Falle man gedanklich geraten ist, so hat man sich schon aus dieser Falle befreit.

Das sind aber noch längst nicht alle Probleme, die durch unterschiedliche Muster entstehen", fährt Herr Spinner fort. "Ein sehr häufiges Problem ist, daß wir uns einfach nicht verstehen."

"Das stimmt", sagen wir und können hierfür selber ein Beispiel geben:

Kommunikationsprobleme durch unterschiedliche Muster

Als wir vor einiger Zeit in Wien waren, passierte meiner Frau im dortigen Hotel etwas Bezeichnendes. Sie bestellte beim Kellner "eine Tasse Kaffee", in der Erwartung, eine Tasse, gefüllt mit schwarzem, ungesüßtem Kaffee zu bekommen, sowie Milch und Zucker "als Zubehör". Tatsächlich bekam sie eine Tasse Kaffee, in den Milch und Zucker bereits eingerührt waren.

Da meine Frau ihren Kaffee gerne schwarz trinkt, versuchte Sie es bei der nächsten Gelegenheit mit der Formulierung: "Bitte eine Tasse *schwarzen* Kaffee", wobei sie das Wort "schwarz" stark betonte. - Sie erhielt eine Tasse ziemlich starken Mokka. Schließlich fand sie heraus, daß ihr Wunsch nach einer Tasse schwarzem Kaffee, wie sie ihn haben wollte, sofort erfüllt wurde, als sie die Formulierung "ein großer Schwarzer" verwendete.

Andere Länder, andere Sitten

"Ein sehr schönes Beispiel", sagt Herr Spinner, "und dabei sollte man solche Kommunikationsprobleme zwischen Deutschen und Österreichern gar nicht erwarten. Schließlich sprechen beide Länder die gleiche Sprache - oder eben auch nicht, wie das Beispiel zeigt.[1]

Ein Aufenthalt in einem fremden Land kann uns in mancher Beziehung die Augen öffnen, wenn wir bereit sind hinzuschauen. Wenn wir mit der Grundeinstellung in dieses Land fahren, daß die Sitten und Gebräuche anders sind und damit auch die dahinterliegenden Gedankenmuster, so können wir in dieser Beziehung einiges lernen.

Zu Gast in der Türkei

Nehmen wir die Türkei. Türkische Gastfreundschaft erfordert, daß der Gastgeber für den Gast jegliches denkbare Opfer bringt. Die Frau des Gastgebers hat den ganzen Tag in der Küche zu stehen und das Gastmahl vorzubereiten. Am Abend muß sich dann der Tisch vor reichhaltigem und teurem Essen biegen, selbst wenn sich die Gastgeberfamilie danach bis zum Monatsende nicht mehr satt essen kann. Auch wenn der Gastgeber morgens sehr früh zur Arbeit muß, wird erwartet, daß er bis nach Mitternacht bei den Gästen bleibt und Konversation macht. Schlimm für die Gastgeberfamilie ist es vor allem, wenn der Besuch Kinder mitbringt. Sie haben das Recht im Haus des Gastgebers einfach alles zu tun, was ihnen gerade einfällt: die noch ungelesene Zeitung zerreißen, Wasser auf den Teppich gießen, Spielsachen kaputtmachen usw. Auf den Punkt gebracht, lautet also das türkische Gedankenmuster: Der Gast ist König. Was immer er tut, ist richtig; was immer er wünscht, wird erfüllt.[1]

Wie anders ist doch demgegenüber die deutsche Einstellung in einer vergleichbaren Situation! Sagen wir nicht mit besonderem Unterton 'Wir sind hier zu Gast' und meinen damit, daß wir uns ganz besonders gut benehmen müssen!? Daß eine türkische Familie beleidigt sein kann, wenn sie bei einer deutschen Familie zu Gast ist, wird vor diesem Hintergrund leicht verständlich.

---

[1] De Bono berichtet eine Geschichte, in der ein russischer Sprachcomputer den biblischen Satz "Der Geist ist willig, aber das Fleisch ist schwach" ins Russische übersetzen sollte. Die Übersetzung des Computers lautete: "Der Wodka ist in Ordnung, aber das Fleisch ist zäh."

[1] Entnommen aus: Barbara Yurtdas, "Gebrauchsanweisung für die Türkei".

Unser Verstand ist nicht kreativ, wir müssen ihn dazu machen

Wir sehen an allen diesen Beispielen", sagt Herr Spinner, "wie unkreativ im Grunde unser Verstand ist. Er ist ständig bestrebt, neue Dinge in alte Muster einzuordnen. Durch diese Zuordnung *beurteilen* wir. So haben wir zum Beispiel ein Muster dafür, was 'gut' ist und ein Muster dafür, was 'schlecht' ist. Unser Verstand ist zehnmal mehr daran interessiert, irgendwelche Sachverhalte durch seine Muster zu beurteilen, als neue Ideen zu entwickeln. Dadurch verhalten wir uns wie ein Mensch, der jedes Jahr an den gleichen Urlaubsort fährt, mit der Begründung 'Da weiß man was man hat', statt auch einmal neue Länder zu erkunden und dadurch ein gewisses Risiko einzugehen.

Kreativität und geistige Flexibilität sollten also geübt werden, da unser Verstand diese Fähigkeit von selber nicht einsetzt, außer - er wird dazu gezwungen. Es ist bemerkenswert, daß wir gerade in großen Krisen die besten Ideen haben. Durch Übungen vermeiden wir, daß sich Muster verfestigen, und erreichen, daß unser Geist flexibel bleibt.

Kommen wir zu meinem ersten Konzept, wie man vorhandene Denkmuster überwinden kann", sagt Herr Spinner. "Das erste Prinzip ist ganz einfach. Da unser Verstand nun einmal mit Mustern arbeitet, habe ich einfach ein paar neue Denkmuster entwickelt, die zu mehr Kreativität führen."

Kapitel 3

Welche neuen Denkmuster wir brauchen

Die Schubladen für Sonderfälle

"Der erste Schritt besteht darin", erläutert Herr Spinner "sich eine oder mehrere Schubladen für Sonderfälle einzurichten. In diese Schubladen kommt alles, was nicht in das bestehende Muster (die anderen Schubladen) paßt. Hier werden alle eingehenden Informationen aufgefangen und zunächst einmal geprüft.

Diese Schubladen haben eine starke Hinweisfunktion: Achtung! Diese Information paßt nicht in die bisher bestehenden Muster! Damit könnte diese Information die Chance bieten, etwas Neues zu lernen oder zu entdecken!

© Dr. Marius Ebert

Daraufhin wird die Information zunächst genauer geprüft, und danach wird entschieden, ob sie in ein bestehendes Muster eingeordnet werden soll oder ob eine neue Schublade eingerichtet werden muß. Eine eingehende Information hat nur dann eine Chance, überhaupt erst einmal in die Schublade 'Sonderfälle' zu gelangen, wenn wir uns die Zeit nehmen, sie als Sonderfall zu erkennen. Wir erreichen durch diese Schublade, daß wir nicht sofort ein Urteil abgeben, sondern uns die Zeit nehmen, genauer zu prüfen. Alles, was zunächst in diesen Schubladen landet, bietet wahrscheinlich eine Chance für eine neue Idee. Oder, um es mit Goethe zu sagen: 'Das Gleiche bringt uns in Ruhe. Der Widerspruch ist es, der uns produktiv macht.' "

"Mein zweites neues Muster möchte ich wieder an einem Beispiel erklären", sagt Herr Spinner:

New York ist wie London - oder?

"Nehmen wir an, Sie haben beschlossen, sich in der Welt umzuschauen, und ein verlängertes Wochenende in London gebucht. Sie sind fasziniert und nehmen alle Eindrücke begierig in sich auf. Einige Zeit später müssen Sie beruflich nach Amerika und haben dort Zeit und Gelegenheit, sich New York anzusehen. Jetzt werden sie wahrscheinlich London als Bezugssystem benutzen, um New York zu erfassen, etwa nach dem Motto: Die Häuser sind höher als in London, es sind mehr Menschen auf den Straßen als in London, der Autoverkehr ist genauso intensiv wie in London usw. Statt etwas Neues in seiner Individualität zu erfassen, beziehen wir es sofort auf etwas Vertrautes und Bekanntes.

Wenn wir das dahintersteckende Denkschema offenlegen, so lautet es ganz schlicht: Alles Neue läßt sich mit bereits Bekanntem erfassen. Noch krasser ausgedrückt aber heißt dieses Denkmuster: Es gibt nichts Neues!

Neues Muster: Alles ist neu

Nachdem uns das bewußt geworden ist, sollten wir dieses Denkmuster durch ein anderes ersetzen. Es lautet: Ich werde ab jetzt jede Stadt in ihrer Individualität empfinden. Am besten, wir formulieren das Denkmuster gleich noch einfacher (und allgemeiner): Alles ist neu!

Routine gibt uns Sicherheit, zuviel Routine tötet neue Ideen

Auch in altbekannten, scheinbaren Routinesituationen sollten wir davon ausgehen, daß sich inzwischen etwas Neues ereignet haben könnte." Herr Spinner erzählt uns dazu wieder eine Geschichte:

Ein alter Junggeselle, steinreich und schwerhörig, kommt spät nach Hause. Sein Diener, der lange auf ihn hat warten müssen, hilft ihm aus dem Mantel und murmelt: "Na, du alter stocktauber Schwerenöter, wieder bei den Weibern gewesen und das Geld verspielt?" "Nein, Johann, in der Stadt gewesen, Hörapparat gekauft."

"Das wären also schon zwei sehr wertvolle neue Muster", sagt Herr Spinner. "Die Schublade für Sonderfälle und das Muster 'Alles ist neu.' Die weiteren neuen Muster, die ich entwickelt habe, kann man unter einem Oberbegriff zusammenfassen. Ich nenne sie: gezielte Paradoxe.

Neue Muster: paradoxe Aussagen

Laut Lexikon bedeutet 'paradox', 'einen Widerspruch in sich enthaltend.' Eine paradoxe Aussage ist also eine unlogische Aussage. Genau das brauchen wir, um aus logischen Gedankenmustern auszubrechen. Unsere erste paradoxe Aussage lautet:

Je bedrohlicher die Situation, desto näher liegt die Lösung

In einem der James-Bond-Filme wurde der Held auf eine kleine Holzplattform geleitet, die im Wasser lag und durch einen Steg mit dem Ufer verbunden war. Plötzlich fand sich James Bond alleine auf dieser Plattform wieder. Der Steg, der die Verbindung zum Ufer darstellte, wurde automatisch eingezogen. Im Wasser wimmelte es von Krokodilen, die immer näher kamen. Immer mehr Krokodile versammelten sich um die Plattform, die ersten machten bereits Anstalten, auf die Plattform zu kriechen. In diesem Moment nutzte James Bond die immer dichter werdenden Krokodile als Brücke. Er sprang über ihre Rücken zum rettenden Ufer. Diese lebensrettende Idee war nur dadurch möglich geworden, daß die Situation so *bedrohlich* geworden war."

"Kommen wir zum zweiten Paradoxon", sagt Herr Spinner. "Es lautet:

Je komplizierter das Problem aussieht, desto einfacher ist die Lösung

Ich möchte dieses zweite Paradoxon anhand einer Aufgabe verdeutlichen. Lösen Sie bitte im Kopf folgende Rechenaufgabe", bittet uns Herr Spinner.

Machen Sie bitte auch mit, liebe Leserin, lieber Leser!

$4 \cdot 4 \cdot 2 \cdot 5 \cdot 1 \cdot 2 \cdot 3 \cdot 2 \cdot 1 \cdot 9 \cdot 4 \cdot 8 \cdot 5 \cdot 7 \cdot 2 \cdot 1 \cdot 2 \cdot 1 \cdot 3 \cdot 0 \cdot 3 \cdot 2 \cdot 4 \cdot 1 \cdot 3 \cdot 5 \cdot 6 \cdot 2 \cdot 3 + 4 + 2 = \ ?$

3 Minuten Zeit

"Die Lösung ist ganz schnell errechnet", sagt Herr Spinner. "Sehr oft lassen wir uns jedoch durch kompliziert aussehende Aufgabenstellungen so verwirren, daß wir eine einfache und schnelle Lösung nicht finden.[1]

Mein drittes gezieltes Paradoxon lautet:

Je weniger ich arbeite, desto besser verdiene ich

Das übliche Muster zu diesem Paradoxon lautet: Wenn man mehr Geld verdienen möchte, dann muß man mehr arbeiten. Gerade wenn wir schöpferisch arbeiten, gilt dieses Muster jedoch oft nicht. Viele Künstler beschreiben, daß ihnen die Ideen manchmal nur so 'zugeflogen' sind und sie in kurzer Zeit ihr Werk fertiggestellt hatten. Wenn Sie also das Paradoxon annehmen, daß Sie durch weniger Arbeit mehr verdienen, so könnte ihre Arbeit allein dadurch effektiver werden. Sie können *so gute* Ideen entwickeln, daß Sie tatsächlich mit immer weniger Arbeit immer mehr verdienen. Nehmen wir als eines von vielen Beispielen den

[1] Wenn Sie die schnelle Lösung, ohne großen Rechenaufwand, nicht sehen, finden Sie eine Erklärung im Anhang.

Popmusiker Elton John. Er arbeitet zusammen mit Bernie Taupin, der die Songtexte schreibt, während Elton John die Musik dazu liefert. Für einen Song brauchen die beiden nach eigenen Angaben etwa eine bis anderthalb Stunden. Nun können Sie sich einmal den Stundenlohn ausrechnen!"

Nach einer kurzen Pause setzt Herr Spinner an, um sein nächstes neues Gedankenmuster zu erklären.

Der Mensch, der immer jung blieb

"Vielleicht haben Sie auch schon einmal beim Anblick eines alten Fotos von Ihnen ein bißchen geseufzt und daran gedacht, wie jung und schön man doch mal gewesen ist. Wenn es nur umgekehrt wäre: Wenn das Foto altern würde und man selber bliebe immer jung und schön!

Genau diese Idee hatte Oscar Wilde, als er seinen berühmten Roman 'Das Bildnis des Dorian Gray' schrieb. Dorian Gray, der junge, gutaussehende Held dieser Geschichte, ruft eines Tages beim Anblick seines Porträts den Wunsch aus, daß doch er immer so schön aussehen möge, wie er im Moment auf diesem Bildnis abgebildet war, und daß das Porträt statt seiner altern solle. Sein Wunsch geht in Erfüllung.

Die Umkehrmethode

Neue Ideen können oft dadurch entstehen, daß man einfach Dinge umkehrt. De Bono, der vermutlich als erster diese Idee als Kreativmethode systematisch dargestellt hat, beschreibt die Idee eines Immobilienmaklers, der das Problem hatte, daß zu wenige Menschen zu ihm kamen, um seine Häuser zu besichtigen. Der Makler drehte das Problem um und formulierte das Paradoxon: Wenn die Menschen nicht zu den Häusern kommen, dann sollen die Häuser zu den Menschen kommen.

Dieses Paradoxon führte dann tatsächlich zu der Idee, eines seiner Präsentationshäuser auf einem Schiff zu installieren und damit näher zu den Menschen zu kommen. Er fuhr mit seinem 'Hausschiff' einfach in die jeweilige Stadt, machte am Ufer des Flusses fest, und die Leute kamen, um die Attraktion zu sehen.

Mein nächstes Denkmuster", sagt Herr Spinner, "bezieht sich auf den Ort oder die Richtung, aus der wir unsere Lösungen erwarten. Das Denkmuster lautet:

Unser ärgster Feind bringt uns die beste Lösung

Wir suchen Lösungen nur an bestimmten Orten und erwarten sie nur aus bestimmten Richtungen. Manchmal bieten sich jedoch Lösungen an aus Richtungen, aus denen wir es am allerwenigsten erwarten.

Stellen wir uns einen Rechtsfall vor. In diesem Fall ging es um eine Beleidigungsklage. Über den Kläger waren angeblich oder tatsächlich bestimmte Äußerungen gefallen. Der Fall ging vor Gericht. Die zwei Parteien standen sich streitend gegenüber.

Im weiteren Verlauf des Prozesses erwies sich dann jedoch das Gericht selbst als größtes Hindernis für die Klägerpartei, ihr Recht zu bekommen. Obwohl sie mehrere Zeugen hatte, die bestätigen konnten, daß beleidigende Äußerungen gefallen waren, weigerte sich das Gericht, diese Zeugen überhaupt zu hören. Der Richter war offensichtlich der Meinung, daß Beleidigungsklagen immer ein schwieriges Gebiet seien, mit denen man die Gerichte am besten gar nicht belästigt. Er schlug einen Vergleich vor.

Der Richter begründete seine Meinung damit, daß durch die Beleidigungen lediglich ein persönliches Werturteil abgegeben wurde und keine Tatsachen behauptet wurden. Persönliche Werturteile seien aber nun mal persönlich und deswegen sowieso juristisch schwer greifbar. Für die Klägerseite tat sich also eine zweite Front auf: das Gericht selbst.

In dieser Situation kommen wir normalerweise nicht darauf, die Lösung ausgerechnet auf der Seite des Gegners zu suchen. Genau dieser Ansatz brachte jedoch die entscheidende Idee: Der Klägerseite fiel ein, daß auch die gegnerische Partei vorher schriftlich ausgeführt hatte, daß es sich bei den Beleidigungen um Tatsachenbehauptungen handele!

So konnte die Klägerseite argumentieren, daß sie und die Gegenseite in diesem Punkt einer Meinung seien. Da beide Parteien in diesem Punkt einig waren, sah sich der Richter veranlaßt, seinen Standpunkt zu verändern.

Lernaufgabe: Manchmal kommen Lösungen (unfreiwillig) von unserem Gegner vor Gericht oder unserem Konkurrenten oder unserem Erzfeind. Wir sollten auch dort suchen, oft werden wir fündig."

Herr Spinner fährt fort: "Mein nächstes neues Denkmuster erlaubt uns, in völlig unlogischer Art und Weise vorzugehen, wenn wir schöpferisch arbeiten. Zum Beispiel so:

Man kann den zweiten Schritt vor dem ersten tun

Logische und wissenschaftliche Denker sprechen oft davon, daß sie ein Gedankengebäude errichten. Von diesem Gedankengebäude verlangen sie dann, daß es gut fundiert ist und die Gedanken logisch aufeinander baut. Die logische Vorgehensweise ist: Sie bauen zuerst das Fundament, dann das Erdgeschoß, dann den ersten Stock usw.

Beim schöpferischen Denken ist es jedoch gestattet, zum Beispiel mit dem dritten Stock anzufangen und das Fundament erst zum Schluß zu bauen. Viele Autoren gehen genauso vor, wenn sie ihre Bücher schreiben. Gerade für das schöpferische Schreiben gilt das Prinzip: Bring zuerst die Gedanken zu Papier, egal, in welcher Reihenfolge. Die Struktur kommt später (oft von ganz alleine).

Sie können falsch anfangen und trotzdem richtig enden

Jedes kleine Kind weiß, daß ein Haus ein solides Fundament braucht, damit es sicher steht. Wenn das Fundament tief ist, das Erdreich keine Hohlräume enthält und tragfähig ist, dann steht das Haus auch sicher. Dem richtigen Ansatz wird also große Bedeutung beigemessen. Ähnlich funktioniert das Bewertungsschema bei mathematischen Klassenarbeiten. Wenn der Lehrer Mathematikarbeiten korrigiert, dann gibt er die meisten Punkte für den richtigen Lösungsansatz. Er weiß, daß aus einem richtigen Denkansatz die richtige Lösung folgen muß, es sei denn, man macht auf dem Wege zur Lösung noch Rechenfehler.

Das schöpferische Denken hingegen erlaubt es ohne weiteres, zunächst falsch anzufangen.

So entstand der Legostein

Eines von vielen Beispielen für einen zunächst falschen Beginn ist die Entwicklungsgeschichte der Lego-Bausteine, die heute jedes Kind kennt. Die Vorläufer der heutigen Legosteine waren Mauersteine aus Kunststoff.[1] Sie waren nur für einfache Mauer- und Hausbauten brauchbar und verkauften sich nicht besonders gut. Obwohl dieser Ansatz zunächst falsch war, lag hier der Anfang für die späteren Legosteine. Aus den Mauersteinen entwickelte sich nämlich zunächst die Idee, Spielzeug in einem kombinierbaren System herzustellen. Später erreichte man dann, daß die Steine entscheidend besser klemmten, und erzielte so den Durchbruch für die heute bekannten Legosteine. So bildeten die ursprünglichen Mauersteine, im wahrsten Sinne des Wortes, die zunächst falschen Grundsteine für eine sehr erfolgreiche Idee."[2]

---

[1] Entnommen aus dem Informationsmaterial, das die Firma Lego dankenswerterweise zur Verfügung gestellt hat, insbesondere aus dem Buch "50 Jahre im Spiel" von Horn Hansen.

[2] Nach dem gleichen Prinzip entwickelten sich die gelben Post-it-Haftzettel, die es heute in jedem Büro gibt. Sie entstanden aus einem Klebstoff, der partout nicht kleben wollte.

Kapitel 4

Wie wir den Standpunkt wechseln und die Denkrichtung ändern

"Nun möchte ich Ihnen meine zweite Regel erörtern", fährt Herr Spinner fort. "Um eine neue Idee zu entwickeln, sollten wir uns darin schulen, unsere Perspektive zu wechseln. Ein großes Dilemma unseres Bildungssystems ist, daß wir durch unsere Ausbildung in ein bestimmtes Denkschema gepreßt werden. Ein Jurist wird lernen, die Welt nach den Kriterien seines Fachs einzuordnen und zu beurteilen. Er wird also die Welt, die er wahrnimmt, zukünftig in 'Tatbestand' und 'Rechtsgrundlage' unterteilen. Genauso wird ein Wirtschaftsstudent sich nach kurzer Zeit fragen, ob für sein Handeln ein ökonomischer Nutzen vorliege oder nicht. Die Mediziner und die Physiker und alle anderen machen es genauso. Nach einiger Zeit wird allen ihr jeweiliges Denkschema in Fleisch und Blut übergegangen sein. Und dann passiert etwas wirklich Schlimmes: Jeder hält sein Denkschema für die einzig wahre und richtige Perspektive!"

Das leuchtet uns ein. Was aber ist zu tun? Herr Spinner antwortet: "Wenn den Menschen klar wäre, daß ihr Standpunkt immer nur *ein* möglicher Standpunkt ist, wäre schon viel gewonnen. Um neue Ideen zu entwickeln, sollten wir mehr tun. Wir sollten uns darin üben, die Perspektive zu wechseln, andere Standpunkte einzunehmen."

Ein geheimnisvolles Treffen

Um zu verdeutlichen, was er meint, erzählt Herr Spinner noch eine weitere Geschichte[1]:

Ein junger Apotheker traf sich eines Tages mit einem alten Arzt im Hinterzimmer seiner kleinen Apotheke. Das Treffen der beiden Männer dauerte über eine Stunde. Sie verhandelten über das Rezept für eine Flüssigkeit in einem großen schwarzen Kessel, den der alte Arzt

[1] Entnommen aus: Napoleon Hill: "Denke nach und werde reich".

mitgebracht hatte. Endlich waren sich die beiden Männer einig. Der junge Apotheker zog ein Geldbündel aus der Tasche und erhielt dafür, auf einem Zettel notiert, das Rezept für die Flüssigkeit im Kessel.

Der alte Arzt hatte eine Arznei gegen Magenbeschwerden entwickelt und war froh, dieses Rezept jetzt für 500 Dollar verkauft zu haben.

Der junge Apotheker hatte seine gesamten Ersparnisse für das Rezept ausgegeben. Er sollte aus dem Zettel mit dem Rezept eine der erfolgreichsten Ideen aller Zeiten machen, allein dadurch, daß er die Perspektive wechselte. Er sah die Flüssigkeit nicht als Arznei, sondern als Erfrischungsgetränk an und machte aus diesem Getränk ein Wirtschaftsimperium mit dem Namen Coca-Cola!

Gefahr der Fremdpolung

Wir wollen uns zunächst einmal anschauen, was uns daran hindert, unsere eigene Perspektive zu finden", sagt Herr Spinner.

"Stellen Sie sich vor, Sie haben für heute abend eine Karte für eine Opernaufführung und freuen sich darauf. Am Nachmittag treffen Sie einen Freund und erzählen ihm davon. Ihr Freund antwortet: 'Ach du lieber Himmel, diese Inszenierung habe ich schon gesehen: schrecklich! Stillos! Fürchterlich!'

Sie verabschieden sich von Ihrem Freund und gehen nun mit sehr gemischten Gefühlen am Abend in die Oper. Leider hat Ihr Freund Sie am Nachmittag schon auf eine bestimmte Perspektive gepolt. Wenn dies intensiv genug war, werden Sie aus Ihrer Umgebung nun genau die Informationen wahrnehmen, die diese Polung unterstützen. Es ist fraglich, ob Sie diesen Abend noch genießen können.

Eine Polung wirkt wie ein Befehl

Eine intensive Polung wirkt also wie ein Befehl an Ihre Gedanken: Wie ein Magnet werden nun genau *die* Informationen angezogen und in Ihr Bewußtsein gerufen, die zur Perspektive Ihres Freundes passen. Im Handumdrehen haben Sie die Perspektive Ihres Freundes zu Ihrer eigenen gemacht und können jetzt nicht mehr selbständig denken."

Eigenpolung

Herr Spinner fährt fort: "Noch tückischer als die Fremdpolung ist die Eigenpolung, weil man sie noch schwerer durchschauen kann." Wieder gibt uns Herr Spinner ein Beispiel: "Stellen Sie sich vor, eine Frau beschließt, den Mantel ihres Mannes zur Reinigung zu bringen. Vorsichtshalber prüft sie, ob sich noch etwas in den Taschen des Mantels befindet, damit es nicht versehentlich mitgereinigt wird. Dabei hält sie plötzlich einen Zettel in den Händen. Darauf steht in fremder Handschrift ein Name und eine Adresse von einer ihr unbekannten Frau. 'Mein Mann betrügt mich', schießt es ihr durch den Kopf. Dann fällt ihr ein, daß ihr Mann letzte Woche zwei Stunden später als gewöhnlich von der Arbeit kam. Damals hatte sie sich nichts dabei gedacht, aber jetzt! Und gestern! Hat er sich da nicht auch so merkwürdig verhalten, als er telefonierte und sie plötzlich ins Zimmer kam?!

Ohne sich darüber im klaren zu sein, hat sich diese Frau selbst auf eine bestimmte Perspektive gepolt. In ihr Bewußtsein treten nun alle Indizien, die dafür sprechen könnten, daß ihr Mann sie betrügt. Einmal gepolt, laufen ihre Gedanken nur noch in *eine* Richtung. Sie denkt nur noch an Dinge, die ihren Mann belasten könnten.

Bewußt das Gegenteil durchdenken

In einem solchen Fall hilft nur, diesen Gedankenfluß zunächst zu stoppen und ganz bewußt an das Gegenteil zu denken. In diesem Falle hieße das: Mein Mann betrügt mich nicht, und für die Adresse gibt es eine andere Erklärung. Sofort starten die Gedanken wieder, aber diesmal in die andere Richtung und liefern diesmal entlastendes Material! Die Frau denkt nun zum Beispiel an die große Ehrlichkeit ihres Mannes, die ihr schon bei vielen Kleinigkeiten aufgefallen ist. Außerdem fällt ihr jetzt ein, daß ihr Mann versuchen wollte, einer gemeinsamen Freundin eine Wohnung zu vermitteln. Vielleicht stehen auf dem Zettel der Name und die Adresse einer möglichen Vermieterin.

Unsere Gedanken spielen das "Stöckchenholen"-Spiel

In solchen Situationen gleichen unsere Gedanken einem Hund, der das 'Stöckchenholen-Spiel' spielt. Wenn der Stock in eine bestimmte Richtung geworfen wird, so rennt der Hund sofort in diese Richtung los. Wird der Stock beim nächsten Mal in die entgegengesetzte Richtung geworfen, so rennt der Hund genauso schnell auch in die andere Richtung."

Übung: Wechseln des Standpunktes

Herr Spinner schlägt uns wieder eine Übung vor, durch die wir lernen können, unseren Standpunkt zu wechseln: "Wählen Sie eine Person, die Sie überhaupt nicht leiden können, und finden Sie bei dieser Person drei positive Eigenschaften! Machen Sie bitte jetzt mit!"

3 Minuten Zeit

Eine Problemdefinition ist eine Polung

Nachdem wir diese Übung gemacht haben - und Sie liebe Leserin, lieber Leser hoffentlich auch -, geht Herr Spinner noch einmal auf die Eigenpolung ein. "Die Eigenpolung ist, wie gesagt, besonders tückisch, weil wir sie sehr schwer erkennen und durchschauen können. Wir polen uns bereits durch die Art selbst, *wie* wir unser Problem formulieren. Diese Polung kann es Ihnen erschweren, die Lösung zu finden.

Stellen Sie sich vor, Sie sitzen im Büro und wollen eine Postsendung mit 2,40 EURO frankieren. In Ihrem Briefmarkenbestand finden Sie mehrere 1,--EURO-Briefmarken, ein paar 0,80-EURO-Briefmarken, aber keine 0,40-EURO-Briefmarke. Das Problem, das Sie jetzt lösen wollen, ist: Wie komme ich am schnellsten an eine 0,40-EURO-Briefmarke? Sie stehen auf, um Ihren Kollegen um eine solche Briefmarke zu bitten.

Blenden Sie auf

Tatsächlich haben Sie durch diese Problemdefinition schon das eigentliche Problem aus den Augen verloren. Dieses lautet nämlich: Wie kann ich mit meinem Briefmarkenbestand eine Postsendung mit 2,40 EURO frankieren? Schon viel zu früh haben Sie sich auf eine bestimmte Lösung gepolt, nämlich 2 Briefmarken à 1,-- EURO und eine à 0,40 EURO zu wählen. Dann haben Sie versucht, diese Lösung trotz Hindernis durchzusetzen. Sonst wäre Ihnen aufgefallen, daß Sie auch drei Briefmarken à 0,80 EURO hätten benutzen können. Das Gegenmittel gegen Polung lautet also: Blenden Sie die Perspektive auf! Sobald Sie feststecken, prüfen Sie, ob Sie falsch gepolt sind. Fragen Sie sich: Was ist das eigentliche Problem? Was will ich wirklich? Habe ich mich auf eine bestimmte Lösung gepolt? Gibt es Alternativen zu dieser Lösung?

Unsere Wahrnehmung", erklärt Herr Spinner, "arbeitet nach folgendem Prinzip: Wenn wir uns auf ein Detail konzentrieren, so tritt das große Ganze in den Hintergrund. Wenn wir uns auf den Vordergrund konzentrieren, nehmen wir den Hintergrund nur noch unklar wahr.

Die Kunst", sagt Herr Spinner, "besteht in einem bewußten Wechsel von Fokussieren und Aufblenden.

Fokussieren Sie

Es kann daher umgekehrt sinnvoll sein", erklärt Herr Spinner weiter, "sich auf ein Detail zu konzentrieren. Wählen wir wieder ein Beispiel. Stellen Sie sich vor, Ihre Aufgabe sei es, durch gute Ideen ein Hotel so zu verbessern, daß mehr Gäste kommen und mehr Gäste zu Stammgästen werden.

Machen wir uns zunächst klar, wie ein Hotel von den Gästen wahrgenommen wird. Die Wahrnehmung der Eingangshalle ist verschwommen. Jede Eingangshalle eines Hotels sieht für den Gast irgendwie gleich aus. Es gibt eine Rezeption, eine oder mehrere Sitzecken und wahrscheinlich noch irgendwo eine Bar. Was macht nun gerade Ihr Hotel zu einem Hotel, zu dem die Kunden immer wieder kommen? In diesem Fall ist es sinnvoll, Ihr Hotel durch ein besonderes Detail hervorzuheben. Zum Beispiel durch folgendes: Die meisten Hotels verkaufen Zeitungen an der Rezeption. Vielleicht könnten in der Eingangshalle Ihres Hotels ein paar Zeitungen *gratis* ausliegen? Für Sie ist dies nur eine unbedeutende und kostengünstige Kleinigkeit. Aber der Gast merkt es sich.

Auch die Zimmer werden von vielen Gästen als irgendwie gleich empfunden. Finden wir also ein Detail, das Ihre Hotelzimmer aus der Masse heraushebt. Wie wäre es mit beheizten Handtüchern?

Bleiben wir noch ein bißchen bei unserer Wahrnehmung," sagt Herr Spinner. "Der nächste Kniff, um die Perspektive zu wechseln, lautet:

Bauen Sie die Bühnendekoration um

Eine Bühnendekoration hat in der Regel folgende Struktur: Im Vordergrund handeln die Hauptdarsteller, vielleicht mit ein oder zwei wichtigen Requisiten wie Waffen oder ähnlichem. Im Hintergrund der Bühne ist eine Szene dekoriert, die zeigt, wo das Stück spielt. Oft gibt es auch noch ein paar Statisten. Unsere Aufmerksamkeit ist auf den vorderen Teil der Bühne konzentriert. Wir verfolgen die Handlung der Hauptdarsteller. Was sich im Hintergrund der Bühne abspielt, dient für uns nur der atmosphärischen Gestaltung.

Die Bühne des Lebens

Auf der Bühne des Lebens ist es oft ähnlich. Unsere Aufmerksamkeit wird vordergründig gefesselt, so daß wir Dinge im Hintergrund kaum wahrnehmen. Vielleicht sind aber gerade diese Dinge besonders wichtig für unsere Problemlösung oder unsere Idee. Bauen wir also einmal die Bühne um. Lassen wir die Hauptdarsteller ins zweite Glied zurücktreten und richten unsere Aufmerksamkeit auf das vermeintlich Nebensächliche. Sehr oft ergibt sich dadurch eine Idee oder eine Lösung."

Dies verdeutlicht Herr Spinner wieder an einer Geschichte:

Ein Fabrikarbeiter kennt einen der Wachleute am Tor etwas besser. Eines Tages kommt er mit einer Schubkarre voll Holzwolle ans Tor und sagt: "Das ist nur Holzwolle, die wird sowieso weggeworfen, aber ich kann sie zu Hause brauchen." Der Wachmann läßt sich darauf ein, nachdem er sich vergewissert hat, daß in der Schubkarre wirklich nur Holzwolle ist. So geht das viele Tage. Der Wachmann bekommt allmählich Bedenken und sagt: "He, da ist doch was faul." "Nur Holzwolle", sagt der Arbeiter. Weil der Wachmann aber so in ihn dringt, sagt er schließlich: "Wenn es unter uns bleibt - ich habe zu Hause jetzt schon ein Dutzend Schubkarren."

Die PMI-Studie (nach de Bono)

" Eine Technik, die systematisch übt, die Perspektive zu wechseln, ist die sogenannte PMI-Studie, die Edward de Bono entwickelt hat", erklärt Herr Spinner. 'P' steht für plus, 'M' steht für minus und 'I' steht für interessant. Wir haben schon gesehen, daß wir sofort eine Eigenpolung vornehmen. Ist diese Polung einmal geschehen, suchen wir ab dann nur noch Argumente, die zu unserer Polung passen. Die PMI-Studie ist eine Denkübung, die eine solche Polung überwindet. Sie ist ganz einfach anzuwenden. Es wird verlangt, zu einer Idee zunächst alle Pluspunkte aufzuschreiben, dann alle Minuspunkte und schließlich noch die Punkte, die man einfach für interessant und untersuchenswert hält, ohne sie mit Plus oder Minus zu werten.

Beispiel einer PMI-Studie

Ein anschauliches Beispiel für die Wirkung dieser Vorgehensweise wird uns von einer australischen Schulklasse berichtet.[1] Dort wurde die PMI-Studie mit zehnjährigen Schülern gemacht. Die dreißig Schüler dieser Klasse wurden gefragt, wie sie die Idee fänden, jedem Schüler dafür, daß er in die Schule geht, ein wöchentliches Gehalt von 5 Dollar zu zahlen. Alle dreißig äußerten, daß sie diese Idee wunderbar fänden. Sie könnten Comics oder Süßigkeiten kaufen.

Dann wurden die Schüler gebeten, eine PMI-Studie zu machen. Das Ganze dauerte nur wenige Minuten. Die Pluspunkte waren im wesentlichen die gleichen, die die Schüler schon spontan genannt hatten. Als Minuspunkte wurden z. B. gefunden, daß die größeren Jungen den kleineren das Geld wegnehmen würden, weniger Geld für die Bezahlung der Lehrer bliebe, die Schule die Essenspreise erhöhen müßte, der Schule kein Geld bliebe, um einen Kleinbus zu kaufen, und noch einige mehr.

---

[1] Entnommen aus: Edward de Bono, "Chancen".

Aufgrund dieser Liste änderten 29 von 30 Schülern ihre Meinung total. Sie hielten nun das wöchentliche Gehalt für eine sehr schlechte Idee. Dabei hatten sie die PMI-Studie selbständig benutzt. Der Leiter hatte sie nicht beeinflußt, noch hatte er selber ein Wort über die Idee verloren.

Um das PMI-Modell komplett vorzustellen, sei hier auch noch angeführt, welche interessanten Punkte sich ergeben könnten:

Interessant wäre, ob die Schüler durch die Bezahlung besser lernen.

Interessant wäre, ob vielleicht ein neuer Kiosk in der Nähe der Schule eröffnet.

Interessant wäre, ob die Kinder einen Teil des Geldes sparen.

Interessant wäre, ob die Kinder das Geld in kleineren Beträgen oder auf einmal ausgeben, usw."

Wechseln der Perspektive: aktives Zuhören

"Kommen wir nun zu einem Aspekt, der mir sehr wichtig ist", sagt Herr Spinner. "Ich spreche vom richtigen Zuhören. Durch die tägliche Informationsflut, die von den Zeitungen und vor allem vom Fernsehen über uns ergossen wird, sind wir in die Rolle des Empfängers gedrängt. So haben viele von uns die Rolle des passiven Zuhörers angenommen. Sie lassen sich einfach berieseln und denken nicht mehr mit. Was wir wieder lernen sollten, ist das *aktive* Zuhören!"

Herr Spinner spricht jetzt sehr engagiert: "Wer gute Ideen entwickeln möchte, muß herausfinden, was die Menschen *wirklich* wollen. Der einfachste Weg, dies herauszufinden, ist, den Menschen aktiv zuzuhören. Aktives Zuhören bedeutet, sich bewußt in die Person des anderen Menschen zu versetzen und die Welt für einen Moment aus seiner Sicht zu sehen. Dies tun aber nur wenige. Eines der abschrekkendsten Beispiele möchte ich Ihnen erzählen:

Ein Apotheker, der regelmäßig von einem Vertreter der Pharmaindustrie besucht wurde, hatte den Verdacht, daß dieser Vertreter ihm überhaupt nicht richtig zuhörte. Wenn sich zum Beispiel der Vertreter nach dem Befinden der Familie erkundigte, so schien es dem Apotheker, daß der Vertreter eine Art Tonband abspulte und überhaupt nicht an den Antworten interessiert war. Als der Vertreter das nächste

Mal kam und fragte: 'Wie geht es ihnen?', antwortete der Apotheker mit ruhiger, unbewegter Stimme: 'Nun, unser Haus ist abgebrannt, meine Großmutter ist vergangene Nacht gestorben, und unsere Kinder sind seit drei Tagen verschwunden.' Der Vertreter lächelte und sagte: 'Na großartig, das ist ja interessant. Freut mich zu hören, daß alles in Ordnung ist.' [1]

Wenn wir statt dessen aktiv zuhören", fährt Herr Spinner fort, "folgen wir gezielt und bewußt den Gedanken unseres Gegenübers. Wir sind dann jederzeit in der Lage, die bisher geäußerten Gedanken wiederzugeben. Damit öffnen wir uns für neue Ideen.

Die nächste Technik möchte ich Ihnen wieder an einer Geschichte verdeutlichen", sagt Herr Spinner. "Die Technik lautet:

Wir verlassen das System und verschieben den Rahmen ...

Ein besonders sportlich trainierter junger Mann kommt zur Musterung und erklärt dem Arzt, er könne so schlecht sehen, daß er so gut wie blind sei. Der Musterungsarzt stellt alle denkbaren Tricks mit ihm an, aber schließlich muß er ihn untauglich schreiben. Überglücklich geht der junge Mann essen und leistet sich auch noch einen Besuch im Kino. Die Vorführung wird durch eine Panne unterbrochen, das Licht geht an und unser Held muß feststellen, daß er genau neben dem Musterungsarzt sitzt. Ohne die Ruhe zu verlieren, starrt er durch ihn hindurch und fragt: "Entschuldigen Sie Fräulein, bin ich hier richtig im Autobus nach Mariendorf?"

Statt sich auf eine Problemlösung innerhalb des Systems einzulassen, was wohl aussichtslos gewesen wäre, weil das Kino ihn verraten hätte, änderte der junge Mann einfach die Rahmenbedingungen.

---

[1] Entnommen aus: Considine/Raphel, "Der große Ideenklau"

... und erleichtern uns die Arbeit

Stellen Sie sich vor, Sie müßten Sand aus einer Kiste heraus transportieren. In diesem Fall können Sie eine Lösung innerhalb des Systems anstreben: Sie nehmen eine Schaufel, steigen in die Kiste und fangen an, den Sand herauszuschaufeln. Sie können aber auch das System verlassen: Sie besorgen sich einen Gabelstapler, der die Kiste so weit anhebt, daß der Sand herausrutscht.

Haben Sie das verstanden?" fragt uns Herr Spinner. Wir meinen, daß wir verstanden haben." "Ich frage nur deswegen, weil einmal ein Mitarbeiter von mir diese Technik anwenden wollte, ohne sie jedoch ganz verstanden zu haben. Und augenzwinkernd erzählt Herr Spinner:

"Dieser Mitarbeiter stieg zu Hause von der Personenwaage: 'Mein Gewicht ist völlig in Ordnung', sagte er zufrieden zu seiner Frau, 'nach der Tabelle sollte ich nur zwölf Zentimeter größer sein.'"

Herr Spinner fährt fort: "Das waren wichtige Techniken, um den Standpunkt zu wechseln. Jetzt möchte ich Ihnen noch zwei Techniken vorstellen, die sich darauf beziehen, die Denkrichtung zu ändern.

Die Aufziehpuppe marschiert

Stellen Sie sich eine Aufziehpuppe vor. Sie betätigen die große Flügelschraube im Rücken der Puppe und stellen sie dann auf den Fußboden. Die Puppe marschiert los. Sie marschiert stur und unbeirrt in *die* Richtung, in die Sie ihre Füße gesetzt haben. Genauso funktionieren unsere Gedanken. Wir denken immer in die gleiche Richtung. Es kommt also darauf an, die Puppe durch einen gezielten Anstoß in eine neue Richtung zu lenken. Dies ist die tatsächliche Bedeutung des Wortes 'Denkanstoß'.

Der gezielte Denkanstoß

Wenn Sie sich dabei ertappen, daß Sie wieder zu alten Schemata greifen, um ein neues Problem zu lösen, so versuchen Sie die gedankliche Bahn zu verlassen, auf der Sie sich gerade befinden. Geben Sie Ihren Gedanken eine neue Richtung. Verlassen Sie die übliche Schiene. Gehen Sie zum Beispiel an Ihren Bücherschrank oder, noch besser, in eine Bibliothek. Greifen Sie nun wahllos ein Buch aus einem Bücherregal heraus und schlagen es auf irgendeiner Seite auf. Lesen Sie diese Seite aufmerksam und überlegen Sie, welche Hinweise der Text für Ihr Problem enthalten könnte.

Oder: wenn Sie in einem Problem feststecken, dann gehen Sie auf die Straße und achten auf die Gesprächsfetzen der Passanten. Nehmen Sie das erstbeste Wort und überlegen Sie, welcher Hinweis sich darin für Sie verbergen könnte. Sie können natürlich auch das erste Wort nehmen, das Sie lesen, zum Beispiel an einer Reklamewand."

So wird unser Denken "angestoßen"

"Ich möchte Ihnen ein Beispiel geben", sagt Herr Spinner. "Vor kurzem wurde ich von einem Verkäufer wegen des folgenden Problems angesprochen: Viele seiner Kunden reagierten auf sein Produkt mit dem Einwand, es sei zu teuer. Wir versuchten durch einen gezielten Denkanstoß auf diesen Einwand zu reagieren. Unser Wort war 'Liebe'. Wir notierten folgende Ideen:

Liebe kennzeichnet eine Beziehung. Könnte es auf der sogenannten Beziehungsebene zwischen Verkäufer und Kunden Dinge geben, die ausgeräumt werden können? Zur Beziehungsebene gehören Dinge wie Verkaufsatmosphäre, Kleidung des Verkäufers, sein Auftreten, sein Tonfall usw. Wenn der Kunde auf dieser Ebene an etwas Anstoß nimmt, dann nützen alle logischen Argumente nichts.

Liebe könnte mit Erotik zu tun haben. Gibt es bei dem Produkt einen Faktor 'Erotik', den man betonen könnte?

Liebe könnte ewig sein. Gibt es etwas, was den 'Ewigkeitsaspekt' der Kundenbeziehung betonen könnte? Wäre es zum Beispiel möglich, zu argumentieren, daß der Kunde zwar einen relativ hohen Preis zahlt, dafür aber auch einen lebenslangen Service erhält?

Liebe geht durch den Magen. Könnte man den Kunden einmal zum Essen einladen und dadurch eine Verkaufsatmosphäre erzielen, die den Kunden veranlaßt, den aus seiner Sicht hohen Preis zu zahlen?

Durch diesen gezielten Denkanstoß erhielten wir schließlich zwei brauchbare Ideen, die das Problem des Verkäufers lösten. Auch in diesem Fall kommt es natürlich wieder darauf an, nicht zu früh zu urteilen, sondern zunächst einmal Ideen niederzuschreiben und erst danach auszuwählen. Es kann natürlich sein, daß man bei dieser

Technik auch Ideen findet, die für das vorliegende Problem nicht geeignet sind. Das macht überhaupt nichts.

Kreativ sein bedeutet, Fehler machen zu dürfen

Damit bin ich schon bei einem der wichtigsten Punkte überhaupt", sagt Herr Spinner. "Ein schöpferischer Mensch weiß, daß er bei seiner kreativen Arbeit Fehler machen wird. Eines der größten Hindernisse auf dem Weg zu mehr Kreativität ist die Angst, einen Fehler zu machen, und die Angst davor, einen Fehler zuzugeben. Wer neue Wege beschreitet, wird jedoch automatisch auch Fehlschläge erleben. Das gehört dazu. Wer etwas Neues entwickelt, handelt nach dem Prinzip 'Versuch und Irrtum'. Ein fehlgeschlagener Versuch ist also immer ein sehr wertvoller Hinweis. Der Fehler zeigt uns an, daß der richtige Weg woanders liegt.

Der große 'Versager': Thomas Alva Edison

Wer viele Fehler macht, gilt als Versager. Nach diesem Gedankenmuster wäre sicherlich Thomas Alva Edison einer der größten Versager aller Zeiten. Er hat im Laufe seiner Forschungsarbeiten wahrscheinlich mehr Fehler gemacht als irgendjemand sonst. Von ihm stammt der berühmte Ausspruch, daß Genie zu 1 % Inspiration und zu 99 % Transpiration sei.

Man kann wirklich behaupten, daß er nach diesem Leitspruch gelebt hat. Wann immer er eine Idee hatte, probierte er sie aus. Wenn sie fehlschlug, so wertete er das Ergebnis nüchtern aus. Niemals war ein fehlgeschlagener Versuch für ihn Anlaß, an sich selbst zu zweifeln.

Als Edison daran arbeitete, einen brennbaren Glühfaden für seine Glühlampe zu finden, erprobten er und seine Assistenten jedes nur denkbare Material in über 60.000 (in Worten: sechzigtausend!) Brennversuchen. Mit anderen Worten: Er irrte über 60.000mal, änderte 60.000mal seine Denkrichtung, bis er die richtige Lösung fand! "

Herr Spinner schaut uns wieder tief in die Augen: "Wir sehen: der kreative Mensch muß vor allem lernen, mit Fehlschlägen richtig umzugehen. Man muß sie so nehmen können, daß daraus schließlich doch ein Erfolg wird. Sie sollten genau ausgewertet werden, um herauszufinden, warum es so nicht geht. Schließlich findet man heraus, wie es geht."

Übungen: Wechseln der Perspektive

Zum Abschluß dieses Kapitels schlägt uns Herr Spinner zwei kurze Übungen vor, um das Gelernte umzusetzen. Wir sind einverstanden, denn nur durch Üben ändert sich tatsächlich etwas.

"Die erste Übung", erklärt Herr Spinner, "besteht ganz einfach darin, sich bewußt zu machen, welche Dinge wir täglich tun, ohne daß wir noch darüber nachdenken, *warum* wir sie so tun. Überlegen Sie einmal, welche Produkte Sie kaufen, und kaufen Sie Ihre Marmelade einmal von einer anderen Firma. Gehen Sie einen anderen Weg als üblicherweise zu Ihrer Bank oder zu Ihrem Postamt. Tun Sie also die Dinge, die Sie immer auf die *gleiche* Art tun, auf eine *andere* Art."

Bitte, liebe Leserin, lieber Leser, machen Sie wieder mit. Beginnen Sie gleich jetzt. Achten Sie auf Ihre Sitzhaltung, während Sie dieses Buch lesen, und ändern Sie diese. Schlagen Sie beispielsweise mal das rechte Bein über das linke, wenn Sie gerade zufällig die umgekehrte Position eingenommen haben sollten usw.

In der zweiten Übung bittet uns Herr Spinner zehn Anwendungsmöglichkeiten zu finden, wie wir einen Kleiderbügel anders verwenden können als üblicherweise. Bitte schauen Sie auch hier erst hinten nach, nachdem Sie eigene Lösungen erarbeitet haben!

5 Minuten Zeit

Kapitel 5

Wie wir die Sprache für neue Ideen gezielt nutzen

"Ich komme zum nächsten Prinzip meines Konzeptes", sagt Herr Spinner. "Dieser Punkt besagt, daß wir unsere Sprache gezielt nutzen lernen.

Verdeutlichen wir uns einmal, daß wir durch die Sprache, die wir von unseren Eltern lernen, in bestimmte Denkschemata gepreßt werden. Das dies so ist, wird uns vielleicht erst klar, wenn wir uns später einmal auch mit anderen Sprachen beschäftigen. Eskimos zum Beispiel besitzen bis zu vierzig Wörter für die verschiedenen Arten des Schnees, zwanzig für die des Eises, zehn für die Kälte. Einige kulturelle Gruppen, deren Hauptnahrungsmittel Reis ist, kennen nahezu hundert Möglichkeiten, um die unterschiedlichen Arten von Reis zu bezeichnen.[1] Wir erkennen hier also eine sehr viel kompliziertere Betrachtungsweise, als sie unsere eigene Sprache bietet und damit auch eine sehr viel differenziertere Denkweise.

Auch die Worte und Redewendungen unserer eigenen Sprache lenken unsere Gedanken in bestimmte Denkschemata, selbst dann, wenn diese Denkschemata falsch sind. So sprechen wir zum Beispiel davon, daß die Sonne aufgeht, obwohl wir längst wissen, daß die Erde sich bewegt und die Sonne stillsteht.

Die Sprache beeinflußt also ganz erheblich unsere Denkweise und damit unsere Fähigkeit, Ideen hervorzubringen."

Sprache und Ideen

Herr Spinner fährt fort: "In seinem beklemmenden Buch '1984' beschreibt George Orwell eine zukünftige Gesellschaft, in der eine diktatorische Partei einen totalen Überwachungsstaat aufgebaut hat. Die Kontrolle durch die Partei ist allumfassend. Der übermächtige Staats-

---

[1] Dieses Beispiel ist der lesenswerten Untersuchung von Wolf Schneider entnommen. Sie heißt: "Wörter machen Leute".

apparat hat sogar eine neue Sprache eingeführt, weil er weiß, daß die Sprache unser Denken beeinflußt. Diese Sprache, 'Neusprache' genannt, beruht darauf, daß Worte gezielt ausgemerzt werden und damit die Sprache bewußt vereinfacht wird. Weil es bestimmte Worte nicht mehr gibt, kann man bestimmte Gedanken nicht mehr ausdrücken und vermutlich auch längerfristig nicht mehr denken. So gibt es zum Beispiel in der Neusprache keine Wörter wie Ehre, Gerechtigkeit, Moral, Demokratie, Wissenschaft und Religion. Sie werden durch ein paar Überbegriffe ersetzt. So kann man in der Neusprache Begriffe wie 'Freiheit' und 'Gleichheit' und damit verwandte Wörter nur noch durch das Wort 'Undenk' ausdrücken. Begriffe, die um das Wort 'Objektivität' kreisen, wurden allesamt durch das Wort 'Altdenk' erfaßt.

Mit dieser neuen Sprache sollte es unmöglich werden, das Unrecht beim Namen zu nennen. Auch die Möglichkeit, sich ironisch oder doppeldeutig zu äußern, wurde ausgelöscht.

Die Neusprache George Orwells ist damit eine Sprache, die dem kreativen Denken total entgegensteht. Der kreative Denker ist auf eine reichhaltige Sprache angewiesen. Er muß nach Belieben doppeldeutig, genau oder ungenau sein können. Kreatives Denken wird durch eine lebendige, reichhaltige Sprache erst ermöglicht. Aber auch in unserer Sprache", erklärt Herr Spinner, "gibt es Worte, die das Denken blokkieren.

Worte, die das Denken blockieren

Dies sind zum Beispiel alle Worte und Formulierungen, die eine Endgültigkeit oder Vergeblichkeit ausdrücken. Vermeiden Sie daher, wenn Sie schöpferisch tätig sind, Formulierungen wie: 'Das ist unsere letzte Chance'; 'Wenn das nicht klappt, können wir einpacken'; 'Das ist der einzige Weg'; 'Diese Information bekommen wir nirgendwo her ...' usw.

Vermeiden Sie auch Worte und Formulierungen, die mit der Angst arbeiten, einen Fehler zu machen, wie zum Beispiel:

'Ein Fehler bei diesem Projekt kann uns teuer zu stehen kommen' o. ä.

Vermeiden Sie ebenso bewertende Worte und Formulierungen. Solche Formulierungen drehen sich häufig um das kleine Wörtchen 'zu': 'Das ist *zu* teuer, *zu* aufwendig, *zu* arbeitsintensiv, das dauert *zu* lange ...' Auch der ständig wiederholte Einwand 'ja aber' kann das schöpferische

Denken sehr blockieren. Die größte Blockade aber ist wahrscheinlich die Formulierung

'Das ist das gleiche wie ....'

Eine neue Idee ist wie ein Baby. Sie muß noch wachsen und ihre Individualität entwickeln. Es gibt viele Menschen, die behaupten, daß alle Babys gleich aussähen. Und doch entwickelt sich aus jedem Baby ein ganz anderer Mensch. Genauso ist es mit Ideen. Es kann sein, daß eine Idee in einem sehr frühen Stadium tatsächlich ähnlich aussieht wie etwas schon Bekanntes. Hüten wir uns also vor dem Satz 'Das ist das gleiche wie ...', weil wir damit die Idee töten.[1]

Machen wir uns noch einmal bewußt, daß wir dazu neigen, neue Informationen (Ideen) in bereits vorhandene Schubladen einzuordnen. Durch den Satz 'das ist das gleiche wie ...' machen wir wieder denselben Fehler. Statt zunächst zu prüfen, ob wir vielleicht eine neue Schublade einrichten sollten, versuchen wir schon wieder, die Idee so zurechtzubiegen, daß sie in die vorhandenen Schubladen paßt.[2]

Obwohl und weil

Auch das Wort 'obwohl' gibt ein Denkmuster vor und kann uns in die falsche Richtung führen", sagt Herr Spinner und gibt ein Beispiel. "Auf dem Parkplatz einer Bundeswehrkaserne wurden immer wieder die Autoradios aus den dort parkenden Autos gestohlen. Niemand konnte sich erklären, wie das möglich war. Es wurde gestohlen, obwohl dort nachts eine Wache lief. Schließlich kam jemand auf die Lösung. Die Autoradios wurden nicht gestohlen, obwohl, *sondern weil* dort eine Wache lief. Die Wache stahl selber.

---

[1] de Bono spricht mit Recht von einer tödlichen Formulierung.

[2] Als Antwort auf den Einwand "Das ist das gleiche wie" schlägt de Bono folgendes vor: "Ja, in mancher Hinsicht ist diese Idee so ähnlich wie die alte, die Sie erwähnen, aber ich darf Sie bitten, sich mit mir gemeinsam auf die unterschiedlichen Punkte zu konzentrieren, um zu sehen, ob wir eine neue Idee entwickeln können."

Zauberworte, die zu neuen Ideen führen

Natürlich gibt es auch Worte, die geradezu zwangsläufig zu neuen Ideen führen", fährt Herr Spinner fort. "Weil durch diese Worte zwingend eine neue Idee entsteht, nenne ich sie Zauberworte. Das erste Zauberwort für neue Ideen lautet 'verbessern'. Fragen Sie sich also immer: 'Was kann ich verbessern? ' Das ist eine bessere Fragestellung als die Frage: 'Welche neue Idee kann ich entwickeln?'"

"Warum?" fragen wir.

"Wenn wir uns den Kopf darüber zermartern, welche neuen Ideen wir entwickeln könnten, haben wir überhaupt keine Ausgangsbasis, sondern stellen uns gewissermaßen in den luftleeren Raum. Eine neue Idee bildet sich aber aus bereits bekannten Ideen. Die bereits vorhandenen Ideen und das bereits bekannte Wissen bilden also die Ausgangsbasis für neue Ideen. Wir sollten von dieser Basis ausgehen und uns fragen: Was kann ich verbessern?

Indem wir gedanklich von der Basis der bereits bekannten Ideen ausgehen und uns fragen, was wir verbessern können, lassen wir uns durch weitere Zauberworte zu neuen Ideen führen. Diese Worte lauten:

hinzufügen, weglassen, auseinandernehmen, zusammensetzen, (neu) kombinieren, vergrößern, verkleinern, beschleunigen, verlangsamen, in Zeitlupe laufen lassen, verdichten, umdrehen, härter machen, weicher machen, auf den Kopf stellen, das Innere nach außen kehren, das Äußere nach innen kehren, zuspitzen, abstumpfen, klären, verwischen, verdünnen, eindicken, sprengen, verschmelzen, verfremden, verschieben, verlängern, verkürzen, verzerren, vereinfachen ...

Es empfiehlt sich, diese Worte in Frageform zu verwenden, sich also zum Beispiel zu fragen: 'Kann man etwas hinzufügen, weglassen, auseinandernehmen ...?'"

Fragen stellen

Fragen Sie auch andere Menschen. Auf eine höflich gestellte Frage erhalten Sie fast immer eine Antwort, und eine höflich gestellte Bitte wird fast immer erfüllt. Der Mensch wird schon als Kleinkind darauf konditioniert, auf Bitten und Fragen automatisch zu reagieren. Die Mutter fragt das Kind: 'Wie heißt das?' Das Kind antwortet: 'Ball.'

Wenn wir später als Erwachsene Fragen stellen, können wir erwarten, daß diese Fragen fast automatisch beantwortet werden. Wir fragen also: 'Dürfte ich Sie einmal um ihre Meinung bitten zu XYZ?; Mich würde interessieren, was Sie von XYZ halten ...? Was sollte man Ihrer Meinung nach an XYZ verbessern?'

Ein Wort wie eine Sprungfeder

Herr Spinner fährt fort: "Viele gute Ideen entstehen durch Doppeldeutigkeiten von Worten. Das verwendete Wort weist scheinbar eindeutig auf einen bestimmten Zusammenhang hin. Man kann es aber auch ganz anders verstehen." Herr Spinner gibt wieder ein Beispiel:

Was siehst du in der Kristallkugel, fragt der Scheich seinen Wahrsager. "Eine große Dürre kommt auf uns zu ..." Der Scheich überlegt eine Weile und sagt dann: "Lieber wäre mir eigentlich eine kleine Dicke. "

In der Doppeldeutigkeit von Worten liegen Chancen für neue Ideen. Das mehrdeutige Wort ist wie eine Sprungfeder, die uns aus dem üblichen Gedankenmuster heraus und zu neuen Ideen führt."

Der große Zweifler: das Wort "warum?"

Oft lohnt es sich, bei einer Problemstellung auch offenkundige Selbstverständlichkeiten anzuzweifeln. Dies geschieht am besten durch das Wort "warum?" Das Ergebnis dieser Technik wird immer eine radikale Neuerung sein. Das Wort "radikal" bedeutet "an die Wurzel gehend."[1] Durch die Frage "Warum?" gehen wir bis an die Ursprünge einer Idee und sehen, was wir ändern können.

Nehmen wir an, wir wären beauftragt, ein Konzept zu entwickeln, wie das Kino der Zukunft aussehen könnte. In einem solchen Fall kann es sich lohnen, zunächst einmal alle Selbstverständlichkeiten zu erfassen und dann systematisch anzuzweifeln. Zum Beispiel: In einem Kino ist die

---

[1] Lateinisch "radix" = die Wurzel.

Leinwand vorne. Warum? Die Sitzplätze sind in Reihen hintereinander geordnet. Warum? Die Kinobesucher sitzen. Warum? Im Kino ist es dunkel. Warum?

Dadurch, daß wir Selbstverständlichkeiten anzweifeln, könnten wir zu der Idee eines Erlebniskinos der Zukunft geführt werden. In diesem Kino würde die Leinwand den ganzen Raum erfassen, so daß die Zuschauer in das Geschehen integriert sind. Die Sitzplätze könnten sich entsprechend dem Geschehen bewegen, zum Beispiel vibrieren usw.

Neue Worte

"Statt Worte auszulöschen wie bei George Orwell, schlage ich vor, neue Worte zu schaffen, weil wir dadurch auf neue Gedanken kommen", sagt Herr Spinner.

"Je mehr Menschen sich mit den kreativen Fähigkeiten ihres Geistes bewußt beschäftigen, desto mehr wird sich unsere Sprache verändern. Ganz wichtig scheint es mir, Worte dafür zu entwickeln, daß sich jemand in einem Gedankenmuster verstrickt hat und daß jemand ein altes Gedankenmuster verläßt, um einen neuen Gedanken auszuprobieren. Wir brauchen allgemein verständliche Verben, die diese geistige Tätigkeit ausdrücken. Durch diese Worte könnten wir erreichen, daß wir mit unserem Denken weniger urteilen und kreativer sind.

Wir sollten daher in Zukunft Dinge ***andenken*** dürfen, nur um einmal auszuprobieren, was dabei herauskommt. Wir sollten uns vor allem aus falschen Mustern wieder ganz schnell ***herausdenken*** dürfen, statt uns immer tiefer in sie hineinzudenken (= sich zu verstricken).

Wir sollten ***Denkanstöße*** gezielt einsetzen, um unsere Denkrichtung zu ändern. Dadurch können wir die neue Richtung andenken. Wir sollten ***umdenken***, wenn sich ein eingeschlagener gedanklicher Weg als falsch erweist. Wir sollten ständig unseren Standpunkt ***überdenken***.

Wir sollten ***vordenken***, statt ständig nachzudenken. Es sollte erlaubt sein, aus Gedanken durch Verknüpfung neue Gedanken zu spinnen. Wir brauchen ***Querdenker***. Das übliche Denken geht von A nach B, wenn B logisch aus A folgt. Der Querdenker geht von A zum Beispiel nach C, um einfach einmal auszuprobieren, was daraus entsteht."

Kapitel 6

Wie wir unsere inneren Sinne und unsere Imagination schulen

"Mein viertes Prinzip, das zu mehr Kreativität führt, besteht darin, die inneren Sinne systematisch zu schulen. Dadurch können wir wenigstens teilweise einige Beschränkungen überwinden, denen wir naturgegeben unterliegen." - "Welche Beschränkungen meinen Sie?" fragen wir. - "Ich meine die Grenzen, denen wir dadurch unterliegen, daß unsere Sinnesorgane beschränkt sind. Ich gebe Ihnen ein Beispiel", sagt Herr Spinner.

Das Weltbild einer Zecke

"Stellen Sie sich einmal vor, Sie seien kein Mensch, sondern eine Zecke. Wie sähe Ihre Welt dann aus?" Wir geben ehrlich zu, daß wir uns das nicht vorstellen können.

"Eine Zecke", fährt Herr Spinner fort, "braucht für die Reifung ihrer Eier das Blut von Säugetieren. Sie muß also imstande sein, Säugetiere zu 'erkennen'. Tatsächlich nimmt eine Zecke von ihrer Umgebung genau zwei Impulse wahr, nicht mehr und nicht weniger. Einmal kann sie durch primitive Sinnesrezeptoren den Geruch von Buttersäure erkennen. Zugleich nimmt sie wahr, wenn die Temperatur in ihrer Umgebung ansteigt. Das ist alles. Diese beiden Merkmale genügen völlig, um ein Säugetier zuverlässig zu 'erkennen'. Das 'Weltbild' der Zecke besteht also aus Buttersäure (die bei Schweißabsonderung entsteht) und aus Temperaturanstieg. Man kann dieses 'Weltbild' nicht einmal als falsch bezeichnen, es ist nur ganz erbärmlich beschränkt."

Herr Spinner fährt fort: "Unsere Wahrnehmung geht, wie Sie wissen, viel weiter, so daß wir uns gegenüber der Zecke sehr überlegen fühlen und sie als 'primitiv' bezeichnen.

Wir sind die Zecken

Stellen wir uns jetzt vor, eine Kreatur von einem anderen Stern käme auf die Erde, um unsere Lebensverhältnisse zu untersuchen. Stellen wir uns weiter vor, daß diese Kreatur so gut ausgebildete Sinnesorgane hat, daß sie in der Lage wäre, alle Aspekte der Realität wahrzunehmen. Dieses Wesen wäre also zum Beispiel in der Lage, infrarotes oder ultraviolettes Licht wahrzunehmen, bestimmte sehr hohe Töne zu hören und vieles mehr. Seine Wahrnehmung wäre dadurch unendlich viel weitgehender als unsere momentane. Mit dem gleichen Recht, wie wir die Zecke einordnen, wäre diese Kreatur dann berechtigt, uns Menschen 'primitive Zecken' zu nennen.

Unsere inneren Sinne

Indem wir bewußt unsere inneren Sinne nutzen", fährt Herr Spinner fort, "können wir unsere Wahrnehmung erweitern und viele Dinge wahrnehmen, die wir mit unseren äußeren Sinnen nicht erkennen können. Unsere inneren Sinne sind die Wahrnehmungskanäle unseres inneren Bewußtseins. Wir haben zum Beispiel die Fähigkeit zum 'inneren Sehen' und zum 'inneren Hören'.

Nehmen wir als Beispiel das 'innere Hören'", sagt Herr Spinner. "Ich höre beim Arbeiten gerne die Musik von Ludwig van Beethoven, um mich inspirieren zu lassen. Haben Sie sich einmal klargemacht, daß Beethoven seine Musik gar nicht so hören konnte wie wir? Beethoven war so schwerhörig, daß er ca. 50 cm lange Hörrohre benutzte, um seine Zeitgenossen zu verstehen. Gegen Ende seines Lebens war er dann völlig taub. Und er hat trotzdem komponiert! Das meine ich mit 'innerem Hören'. Er muß seine Musik innerlich wahrgenommen haben."

"Jeder kreative Mensch", fährt Herr Spinner fort, "arbeitet mit seinen inneren Sinnen. Wenn wir unsere Kreativität schulen wollen, sollten wir also wieder lernen, unsere innere Erlebniswelt bewußt wahrzunehmen. Hier haben wir viele Möglichkeiten. Ich persönlich nutze besonders gerne meine Träume, wenn ich eine neue Idee brauche."

Nutzen unserer Träume

Seit Jahrhunderten beschäftigen sich die Menschen mit ihren Träumen und messen ihnen große Bedeutung bei. Einen Hinweis darauf finden wir zum Beispiel im Talmud, dem alten jüdischen Weisheitsbuch. Dort heißt es: "Ein nicht gedeuteter Traum ist wie ein Brief, den man nicht gelesen hat." Auch in unserer Bibel, besonders im Alten Testament, stoßen wir auf Träume von teilweise umwälzender Bedeutung.

"In meinen Träumen", fährt Herr Spinner fort, "bin ich nicht durch zeitliche oder räumliche Grenzen beschränkt. Ich bewege mich oft in anderen Zeiten oder in Phantasiewelten, und ich kann Dinge vollbringen, die ich auf der körperlichen Ebene nicht bewerkstelligen kann, wie zum Beispiel fliegen. Mit anderen Worten: Die Beschränkungen der Logik sind auf der Ebene des Traumes aufgehoben. So helfen mir meine Träume oft, neue Ideen zu finden."

Herr Spinner hat recht. Tatsächlich gibt es viele Geschichten über hilfreiche Träume.

Unsere Träume: Quelle für Ideen und Lösungen

Eines von vielen verblüffenden Beispielen ist die Geschichte des Archäologen Herman V. Hilprecht. Er hatte sich bereits wochenlang damit herumgequält, einen Keilschrifttext zu entziffern, den man bei Ausgrabungen in Nippur auf zwei Achat-Bruchstücken gefunden hatte. Zwar hatte er einige Entwürfe bereits zu Papier gebracht, aber von keinem dieser Versuche war er wirklich überzeugt. Eines Nachts im März 1893 träumte er von einer bemerkenswerten Begegnung. In diesem Traum erschien ein Priester aus vorchristlicher Zeit und sagte zu ihm: "Die beiden Bruchstücke, die du in deinen Entwürfen auf den Seiten 22 und 26 getrennt behandelst, gehören zusammen ..."

Darauf schilderte ihm der Priester auch genau das damalige Geschehen, das zu den Keilschrifttexten geführt hatte. Als Hilprecht erwachte, fügte er sofort die beiden Bruchstücke zusammen. Er fand die Aussage des Priesters bestätigt. Die spätere Forschung bestätigte auch den historischen Ablauf des Geschehens, wie ihn der Priester im Traum beschrieben hatte.

Ein Geldgewinn im Schlaf

Ein weiteres von unzähligen Beispielen für den Nutzen von Träumen ist die Geschichte von John Godley, dem späteren Lord Kilbrackan. Godley war damals Student in Oxford und hatte an jenem Freitagabend, es war der 8. März 1946, mit seinen Kommilitonen kräftig gefeiert. In der darauffolgenden Nacht hatte er gegen Morgen im Traum folgendes Erlebnis: Er blätterte in einer Abendausgabe der Lokalzeitung. Dabei fiel sein Blick unwillkürlich auf die Spalte mit den Pferdewetten. Während er fast zwanghaft die Namen der angemeldeten Pferde studierte, erregten zwei seine besondere Aufmerksamkeit: Bindal und Juladin.

Am nächsten Morgen kaufte er sich sofort die Zeitung. Obwohl er an einen Wink des Schicksals glaubte, war er trotzdem erstaunt, tatsächlich zwei Pferde mit den Namen Bindal und Juladin zu finden, die für die nächsten Starts gemeldet waren. Er setzte auf beide Pferde und wartete dann gespannt mit seinen Freunden, denen er von dem Traum erzählt hatte, was passieren würde. Bindal gewann um 14.30 Uhr, Juladin kurze Zeit später um 16.00 Uhr, und Godley konnte eine stattliche Summe kassieren. Danach gab er eine große Feier für seine Freunde.

Weitere Gewinne folgten

Einige Wochen später träumte Godley von einem Pferd namens Tubermore. Er fand zwar in der Meldeliste nur ein Pferd mit dem Namen Tuberrose und setzte auf dieses. Aber auch dieses Mal lag Godley richtig und konnte wiederum viel Geld kassieren.

Als Godley ein Jahr später wieder eine nächtliche Vorhersage hatte, schrieb er einen genauen Bericht, ließ ihn versiegeln und hinterlegte ihn. Nach dem Rennen wurde der Bericht in Gegenwart von Zeugen mit dem amtlichen Wettergebnis verglichen: Godley hatte wieder richtig getippt.

Herr Spinner ist einen Moment abgelenkt, weil er gerade etwas auf einen Notizzettel schreibt. Wir nutzen die Gelegenheit, um auch noch die "technische" Seite der Träume zu beleuchten.

Jeder Mensch träumt

Wir verbringen ungefähr ein Drittel unseres Lebens schlafend. Bei einem Lebensalter von sechzig Jahren haben wir also zwanzig Jahre unseres Lebens "verschlafen". Unsere Träume wiederum beanspruchen etwa zwanzig Prozent unseres Schlafes, bei sechzig Lebensjahren also volle vier Jahre. Viele Menschen in unserem Kulturkreis sagen allerdings, daß sie überhaupt nicht träumen, eine Behauptung, die durch umfangreiche Tests in Schlaflabors längst widerlegt ist. Jeder Mensch träumt, und zwar mehrmals pro Nacht. Wie wir bereits wissen, bezeichnet man die Traumphase als "REM-Phase", also die Phase der schnellen Augenbewegung.

Geistige Ratgeber (nach Silva)

Herr Spinner hat den gerade von ihm beschriebenen Notizzettel sorgfältig in ein Kästchen gelegt und erzählt weiter: "Für mich bieten auch meine beiden Ratgeber eine sehr wertvolle Hilfe, die ich oft nutze."

"So etwas ist aber doch bestimmt teuer", wenden wir ein. "Im Gegenteil", sagt Herr Spinner. "Ich meine ja nicht äußere Ratgeber, sondern meine beiden *inneren* Ratgeber. Es sind meine Gedankenbilder, denen ich die Form von Personen gegeben habe, ein Mann und eine Frau. Wenn ich meine Ratgeber befragen möchte, begebe ich mich in mein geistiges Beratungszimmer. Ich schließe die Augen, entspanne mich und betrete in meiner Vorstellung diesen Raum. Dort habe ich verschiedene Hilfsmittel wie einen Schreibtisch, eine Uhr, ein Archiv, einen Kleiderschrank und noch einiges mehr.[1] Ich habe diesen Raum völlig nach meinen Vorstellungen und meinem Geschmack gestaltet. Hier konsultiere ich auch meine beiden Ratgeber. Diese Ratgeber", erklärt Herr Spinner weiter, "verkörpern für mich meine innere Stimme, meine Intuition."[2]

---

[1] Herr Spinner spricht von seinem "Laboratorium" (nach Silva), das sich die Teilnehmer in einigen Spaßlerndenk-Seminaren mit ihrer Vorstellungskraft erschaffen.

[2] In einigen Spaßlerndenk-Seminaren lernen die Teilnehmer, sich geistige Ratgeber zu erschaffen und auf diesem Wege mit ihrer Intuition vertraut zu werden.

Notizzettel überall

Herr Spinner fährt fort: "Ich benutze aber noch weiteres Handwerkszeug. Meine Werkzeuge sind zum Beispiel Notizblöcke, die ich in der ganzen Wohnung verteilt habe, auch im Badezimmer und vor allem natürlich neben meinem Bett. Auf diesen Notizzetteln notiere ich jede, aber auch jede Idee, die mir einfällt! Unsere schöpferischen Fähigkeiten fragen nämlich nicht danach, ob der Ort oder die Zeit jetzt richtig sind, damit wir eine neue Idee bekommen können. Neue Ideen sind plötzlich einfach da, wollen dann aber auch beachtet werden, sonst verschwinden sie wieder. Indem ich sie aufschreibe, halte ich sie fest."

So tun, als ob: das Führen eines Ideenbuches

Herr Spinner fährt fort: "Auch wenn wir meinen, daß wir gar nicht so viele Ideen haben können, sollten wir auf jeden Fall so tun, als ob. Legen Sie also überall Notizzettel aus. Legen Sie sich außerdem eine besonders schöne Mappe an, in die Sie ab jetzt Ihre Ideen notieren werden. Führen Sie ab jetzt ein Ideenbuch, in dem Sie alles notieren, was Ihnen einfällt. Denken Sie daran, daß unsere Gedanken gepolt werden müssen, damit sie in einer bestimmten Richtung aktiv werden. Das Anlegen eines Ideenbuches ist die Polung. Sie werden sehen: Die Ideen werden dann schon kommen."

Die Landkarte des Geistes (Mind Map nach Buzan)

Herr Spinner nimmt noch einmal die Übersicht zur Hand, die er uns vorhin gezeigt hat. "Auch das hier", erklärt er, "ist ein sehr gutes Handwerkszeug. Es ist eine sogenannte 'Mind Map', auf deutsch also eine Art Landkarte unseres Geistes.

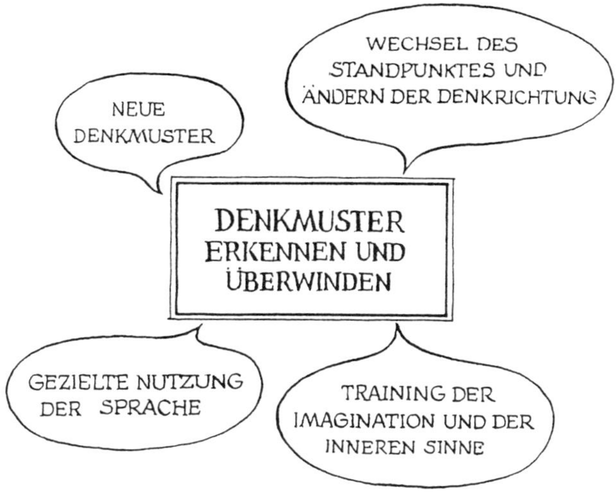

Der zentrale Gedanke wird in die Mitte des Blattes geschrieben. Die wichtigsten Unterpunkte gruppieren sich um diesen zentralen Gedanken herum. Weniger wichtige Punkte und Details werden in Richtung zum Rand des Blattes angefügt. Durch diese Art der Darstellung können Sie die Verknüpfungen von Ideen untereinander sehr gut und übersichtlich darstellen. Neue Ideen lassen sich sehr leicht einfügen. Ich benutze Mind Maps vor allem, wenn ich an einem Vortrag oder an einem Buch arbeite", sagt Herr Spinner.

Die Glas-Wasser-Technik

Herr Spinner fährt fort: "Ein weiteres Werkzeug, das ich sehr oft benutze, ist die Glas-Wasser-Technik. Können Sie sich vorstellen, durch das Trinken eines Glases mit Wasser ein Problem zu lösen? Nein? Ich denke, ich muß etwas weiter ausholen. Nehmen wir an, Sie haben ein Problem, das darauf beruht, daß Ihnen bestimmte Informationen fehlen. Sie suchen zum Beispiel eine Wohnung. Irgendwo gibt es eine geeignete Wohnung für Sie und jemanden, der diese Wohnung vermieten will. Ihnen fehlt nur bisher die Information, wo sich diese Wohnung und der Anbieter befinden. Genau diese Information brauchen Sie jetzt. Durch die Glas-Wasser-Technik können Sie ihre Wahrnehmung zielgerichtet darauf einstimmen, genau die gesuchte Information aus ihrer Umgebung aufzunehmen und zu verstehen.

Die Beschränkung unserer Wahrnehmung

Täglich dringen Tausende von Informationen auf uns ein. Einen Großteil davon nehmen wir nur am Rande wahr. Während Sie z. B. die Einkaufsstraße ihrer Stadt entlanggehen, wirken unzählige Reize auf Ihr Bewußtsein ein: die Stimmen der anderen Passanten, die Reklamebeleuchtungen, die Musik eines Straßenmusikanten, die Schaufensterauslagen und viele andere Reize mehr. Wie viele von diesen Informationen nehmen Sie tatsächlich bewußt wahr? Ganz richtig, nur sehr wenige. Warum? Wir gehen durch die Straßen und sind durch unseren 'Autopiloten' gesteuert. Autopiloten sind automatische Selbststeuerungssysteme. Der Pilot eines Flugzeuges kann sie einschalten und braucht dann nichts weiter zu tun, als das System zu überwachen. Alles andere geschieht vollautomatisch. Genauso gehen wir vor, wenn wir durch unsere Heimatstadt gehen. Wenn wir noch etwas Bestimmtes einkaufen müssen, schalten wir unser Gehirn auf 'den schnellsten Weg zu meiner Drogerie'. Während wir dann automatisch den richtigen Weg einschlagen, beschäftigen sich unsere Gedanken mit irgend etwas. Neue Impulse aus unserer Umgebung können wir dann gar nicht mehr bewußt wahrnehmen."

Eine Wahrnehmungsübung

Herr Spinner schlägt uns wieder eine Übung vor. Wir sollen versuchen zu beschreiben, welche Geschäfte sich auf der Haupteinkaufsstraße unserer Stadt befinden.

Bitte, liebe Leserin, lieber Leser, machen Sie diese Übung mit!

2 Minuten Zeit

Uns sind bei dieser Übung nur fünf Geschäfte eingefallen, nämlich genau die, in denen wir selber einkaufen. Wir nehmen also immer nur die Informationen aus unserer Umgebung bewußt wahr, mit denen wir selber zu tun haben. Andere Informationen registriert unser Bewußtsein auch, allerdings unterhalb der Schwelle unserer bewußten Wahrnehmung.

Das Herausfiltern der richtigen Information

Herr Spinner erklärt weiter: "Es kommt also darauf an, unser Bewußtsein so einzustimmen, daß es uns alle Dinge bewußt macht, die wir für unser Problem brauchen. Sie suchen eine Wohnung? Sicher ist es sinnvoll, die entsprechenden Annoncen in der Zeitung zu studieren. Mit Hilfe der Glas-Wasser-Technik geben Sie Ihrem Bewußtsein darüber hinaus eine gezielte Anweisung. Wenn Sie diese Technik benutzen, werden Sie auf alle hilfreichen Informationen aufmerksam, egal aus welcher Quelle sie auch kommen mögen. Beschränken Sie sich also nicht auf nur *einen* Lösungsweg. Unser inneres Bewußtsein sucht in den meisten Fällen völlig ungewöhnliche Wege.

Anwendung der Glas-Wasser-Technik

Wenn Sie die Glas-Wasser-Technik anwenden wollen, stellen Sie ein Glas, gefüllt mit stillem, klarem Wasser neben Ihr Bett. Abends, unmittelbar vor dem Einschlafen, trinken Sie eine Hälfte des Wassers mit geschlossenen und leicht nach oben gewandten Augen. Dabei sagen Sie sich gedanklich: 'Das ist alles, was ich tun muß, um mein Problem zu lösen.' Danach legen Sie sich hin, um einzuschlafen. Morgens, gleich nach dem Aufwachen, trinken Sie die zweite Hälfte des Wassers, wieder mit geschlossenen und leicht nach oben gewandten Augen und sagen sich wiederum: 'Das ist alles, was ich tun muß, um mein Problem zu lösen.'

Damit sind Sie für die nächsten zwölf Stunden - bis zum nächsten Schlafengehen - darauf programmiert, die Informationen, die Sie brauchen, bewußt wahrzunehmen.

Wir sollten unsere Imagination nutzen lernen

Eine der wichtigsten Aufgaben überhaupt ist, daß wir lernen, unsere Imagination zu nutzen", sagt Herr Spinner, während wir seine Erregung spüren. Imagination bedeutet Vorstellungskraft. Das bedeutet, daß jeder Mensch durch seine Vorstellungen *Kraft* hat.

"Ich glaube, daß die Vorstellungskraft die wichtigste Kraft ist, die wir Menschen haben. Sie ist die ursprüngliche Kraft, aus der alle materiellen Dinge entstehen. Wir stellen uns die Dinge immer zuerst vor, bevor wir sie auf der materiellen Ebene ausführen. Albert Einstein hat einmal gesagt, daß für ihn Imagination wichtiger als Wissen sei, weil das Wissen immer nur in der Lage ist, die Gegenwart und die Vergangenheit zu beschreiben, während nur die Imagination die Entwicklung weiter vorantreiben kann.

Und nun machen Sie sich einmal klar, daß man fast nirgendwo sinnvolle Regeln lernt, wie man mit dieser 'Kraft der Kräfte' sinnvoll umgehen kann! Wie man mit der Imagination richtig umgeht, wird fast nirgendwo trainiert!

Beschränke die Imagination nicht

Als erstes sollten wir es uns zur Angewohnheit machen, die Imagination nicht zu beschränken. Wir sollten einfach in Zukunft weder sagen noch denken, daß irgend etwas 'unmöglich' ist. Leider gab und gibt es immer wieder Menschen, die eine beschränkte Vorstellungskraft haben. Diese Menschen benutzen das Wort 'unmöglich' sehr oft und sehr schnell, weil sie sich gewisse Dinge im wahrsten Sinne des Wortes nicht vorstellen können. Solche Menschen geraten dann oft in Konflikt mit Menschen, die ihre Vorstellungskraft nicht beschränken."

"Unmögliches" ist möglich

Während wir über das gerade Gehörte nachdenken, lesen wir einige Beispiele dazu nach. So stand in der Zeitschrift *Science Digest* im August 1948 folgendes: "Das Landen und Fortbewegen auf dem Mond stellt die Menschen vor so schwierige Probleme, daß die Wissenschaft vielleicht noch *200 Jahre* brauchen wird, um damit fertig zu werden."[1] Tatsächlich war es bereits 21 Jahre später soweit. Am 21.07.1969 betrat der erste Mensch den Mond und bewegte sich dort fort.

Im *Quartely Review* von 1825 stand folgendes: "Kann es etwas Lächerlicheres geben als die Vorstellung, Lokomotiven könnten doppelt so schnell wie Postkutschen fahren?" Als man dann feststellte, daß Lokomotiven tatsächlich die 'wahnsinnige' Geschwindigkeit von 35 km pro Stunde erreichen würden, schrieb dazu das bayrische Obermedizinalkollegium in einem Gutachten von 1838: "Die schnelle Bewegung muß

---

[1] Hervorhebung durch Kursivdruck vom Autor.

bei den Reisenden unfehlbar eine Hirnkrankheit, eine besondere Art des Delirium Furiosum erzeugen. Wollen aber dennoch Reisende dieser gräßlichen Gefahr trotzen, so muß der Staat wenigstens die Zuschauer schützen, denn sonst verfallen diese beim Anblick des schnell dahinfahrenden Dampfwagens genau derselben Gehirnkrankheit. Es ist daher notwendig, die Bahnstelle auf beiden Seiten mit einem hohen Bretterzaun einzufassen."

Und als es den Gebrüdern Wright im Jahre 1903 zum ersten Male gelang, ein Flugzeug zu fliegen, erschienen die Zeitungsberichte darüber mit dem Zusatz: "Der verehrte Leser sei darauf hingewiesen, daß diese Meldung aus Amerika stammt."

Ein Spruch für den Spiegel

Herr Spinner ergreift wieder das Wort: "Ich hatte lange Zeit an meinem Badezimmerspiegel folgenden Spruch stehen, dessen Verfasser ich leider nicht weiß:"

Es gibt nichts Unmögliches
und hat es nie gegeben
Es gibt nur Augenblicke,
die gekommen oder
nicht gekommen sind.

Lerne, die Imagination zu steuern

"Wie ich schon sagte", fährt Herr Spinner fort, "die Imagination ist eine starke Kraft. Wir sollten lernen, diese Kraft zu steuern. Eine Kraft an sich ist immer neutral. Man kann sie zum Guten wie zum Schlechten nutzen. Genau das geschieht ja tatsächlich mit der Imagination. Schließlich sind alle materiellen Dinge, gute wie schlechte, konstruktive wie destruktive, das Resultat von Imagination. Alle Dinge entstehen zuerst als Gedankenbild und werden dann auf der materiellen Ebene umgesetzt.

Die Imagination ist also die Kraft, die neue Ideen schafft. Deswegen benutzen wir diese Kraft an meinem Institut sehr gezielt und bewußt, wenn wir schöpferisch arbeiten. Zum Beispiel benutzen wir die Imagination als Ideen-Katalysator."

Wir bitten Herrn Spinner, uns das näher zu erklären.

Imagination als Katalysator

"Ein Katalysator ist ja, wie Sie wissen, ein Stoff, der durch seine Anwesenheit eine chemische Reaktion herbeiführt. Wenn wir zum Beispiel den Stoff x und den Stoff y haben und fügen den Stoff z als Katalysator hinzu, kommt es zu einer chemischen Reaktion und eine neue Stoffverbindung entsteht.

Genauso funktioniert es, wenn wir schöpferisch arbeiten. Wir haben bestimmte Konzepte oder Probleme und fügen dann die Imagination als Katalysator hinzu, damit eine neue Idee entsteht. Eine Art, wie wir die Imagination als Ideen-Katalysator verwenden, ist, Dinge mit Persönlichkeit zu versehen.

Ein Aschenbecher mit Persönlichkeit

Ich möchte ein Beispiel geben: Wir hatten im letzten Monat den Auftrag von einer Firma, Ideen für einen neuen Aschenbecher zu konzipieren. Bei diesem Auftrag haben wir diese Technik bewußt eingesetzt. Wir haben uns vorgestellt, daß ein Aschenbecher Persönlichkeit hat, und dann versucht, uns in diese Persönlichkeit hineinzuversetzen. Jeder von uns hat sich vorgestellt, ein Aschenbecher zu sein. Wir haben dann gewissermaßen aus unserem Leben als Aschenbecher erzählt.

Bei dieser Technik kamen einige hervorragende Ideen zustande. Eine Sache, die der Aschenbecher aus seinem Leben 'erzählte', war, wie sehr es ihn ärgert, immer voll häßlicher Zigarettenstummel zu liegen. Er fühle sich so unwohl dabei und habe das Gefühl, nur noch zu stinken. Wir entwickelten daraufhin einen Aschenbecher mit einer Kippvorrichtung. Auf Knopfdruck konnte man so jede Zigarettenkippe im Innern des Aschenbechers verschwinden lassen. Der Aschenbecher wurde sofort wieder sauber und der Gestank erheblich verringert.

In dieser Ideenkonferenz hatten wir dadurch, daß wir alle Aschenbecher waren, auch sehr gute Ideen, welche Farbe der Aschenbecher haben sollte und welche Form wir ihm geben könnten."

Versetzen in eine andere Zeit

"Ein weiterer Ideen-Katalysator", erklärt Herr Spinner weiter, "ist das Versetzen in eine andere Zeit. Wir werden oft von Unternehmen um Rat gefragt, die wissen wollen, welche Produkte in der Zukunft von den Menschen verlangt werden. Um solche Fragen zu beantworten, versetzen wir uns oft gedanklich in die Zukunft und stellen uns vor, wie die Welt zukünftig aussehen könnte.[1] Wir stellen uns vor, wie die Geschäfte der Zukunft gestaltet sein könnten und was in den Schaufenstern ausliegt. Wir stellen uns auf diesen Zeitreisen in die Zukunft auch vor, was die Menschen in ihrem Leben brauchen und welche Probleme sie haben.

Lenken von Gedanken durch Bilder

Die Imagination ist außerdem hervorragend geeignet, um unsere Gedanken zu lenken. Eine Möglichkeit, Gedanken zu lenken, besteht darin, vom Ziel auszugehen. Stellen Sie sich also das erwünschte Ziel mit Hilfe des geistigen Bildschirms vor. Dieses Zielbild wirkt dann wie ein Magnet und zieht die entsprechenden Gedanken und Ideen an, die Sie benötigen. Wenn Sie sich ein Zielbild schaffen, so ist es nicht unbedingt nötig, daß Sie genau wissen, wie das Endergebnis erreicht wird. Sehr häufig brauchen Sie ja gerade dafür erst die Idee. Wenn Sie zum Beispiel eine Idee brauchen, um den Arbeitsablauf in Ihrer Abteilung effektiver zu gestalten, dann stellen Sie sich vor, daß Sie dieses Ziel bereits erreicht haben. Stellen Sie sich die Mitarbeiter glücklich und zufrieden vor. Stellen sie sich vor, daß diese sich lobend über Ihre gute Idee äußern und mit größerem Elan arbeiten als vorher, weil durch Ihre Idee 'jetzt alles so viel reibungsloser und schneller geht.'

---

[1] Am besten geeignet für diese Technik ist das "Laboratorium", das die entsprechenden Instrumente enthält.

Sie können natürlich auch ein Zielbild wählen, das Sie in einer Szene zeigt, in der Sie gerade Ihre neue Idee präsentieren. Sie sehen deutlich vor sich, daß alle begeistert sind. Man gratuliert Ihnen und beglückwünscht Sie zu Ihrer hervorragenden Idee."[1]

---

[1] Auf der Homepage der Dr. Ebert Akademie AG finden Sie ein Kreativitätstraining, um weiter zu üben: www.spasslerndenkmethode.de, dann „Spaßlerndenk-Tipps" anklicken, dann „Spaßlerndenk-Training".

Kapitel 7

Wie wir Verbesserungen umsetzen

"Damit hätte ich meine vier Prinzipien erläutert", sagt Herr Spinner. "Jetzt kommt es darauf an, diese Prinzipien anzuwenden, das heißt, mit ihrer Hilfe Ideen zu entwickeln und vor allem umzusetzen.

Zeit für neue Ideen

Wenn wir daran arbeiten, Dinge durch neue Ideen zu verbessern, dann ist es vor allem wichtig zu wissen, wann die *richtige Zeit* für neue Ideen ist. Hierfür sollte man den Unterschied zwischen 'dringend' und 'wichtig' kennen.

Dringendes und Wichtiges

Ich möchte diesen Unterschied an einem kleinen Beispiel verdeutlichen", sagt Herr Spinner. "Stellen wir uns eine Frau mit Namen 'Martha' vor. Martha hat ein kleines Geschäft in einer mittelgroßen Stadt in Deutschland. Sie verkauft in ihrem Geschäft Lebensmittel, aber auch einige andere Dinge, die man im Alltag braucht. Man könnte ihr Geschäft als typischen 'Tante-Emma-Laden' bezeichnen.

Nehmen wir weiter an, in der Nähe ihres Geschäftes ist ein großer Supermarkt. Außerdem befindet sich noch eine amerikanische Kaserne in der Nähe von Marthas Laden. Die dort stationierten Soldaten kaufen fast alle bei ihr. Martha spricht gut Englisch und kennt die meisten dieser Soldaten persönlich. Vielen hat sie schon geholfen, zum Beispiel durch die eine oder andere Formulierungshilfe für einen Brief an eine Behörde. Die Soldaten mögen Martha gerne und empfehlen sie auch an die neu in der Kaserne eintreffenden Rekruten, so daß sie die Konkurrenz des Supermarktes kaum spürt, obwohl dieser viele Produkte billiger anbieten kann als sie.

Martha hat auch ihr Sortiment auf die Soldaten eingestellt. Bei ihr gibt es eine spezielle, beim Militär sehr beliebte Zigarettensorte und auch an Lebensmitteln können die Soldaten einiges kaufen, was sie sonst nur zu Hause in Amerika bekommen.

Wichtig, aber noch nicht dringend

Eines Tages liest Martha nun in der Zeitung, daß ernsthaft diskutiert wird, amerikanische Soldaten aus Deutschland abzuziehen. Sie liest weiter, daß auch die Kaserne in ihrer Nähe davon erheblich betroffen sein wird.

Es ist nun für sie ***wichtig***, etwas zu unternehmen. Es ist jedoch bisher überhaupt nicht ***dringend***. Dringend sind andere Dinge: das Schellen des Telefons, die Kunden, die im Laden stehen, die Bestellungen, die aufgegeben werden müssen usw. Dringende Dinge können uns jedoch den Blick für die wichtigen Dinge verstellen. Bei dringenden Dingen drängt jemand von außen darauf, daß etwas geschieht. Bei wichtigen Dingen drängt zunächst ***niemand*** darauf, daß etwas geschieht - außer wir tun es selbst.

Noch kommen die Soldaten täglich in ihren Laden und kaufen wie eh und je. Es ist jedoch wichtig, sich über Alternativen Gedanken zu machen. Was wird, wenn die Soldaten abgezogen werden? Wo bekomme ich dann neue Stammkunden her? Wie behaupte ich mich dann weiterhin gegenüber dem Supermarkt? Es ist wichtig, neue Ideen zu entwickeln, ***bevor es dringend wird.*** Unsere Martha sollte also eine Strategie für die Zukunft vorbereitet haben, noch bevor der erste Soldat aus ihrer Nähe abgezogen wird."

Hindernisse überwinden

"Sie sehen", sagt Herr Spinner, "wenn Sie ein Konzept bereits fertig entwickelt haben und zu *dem* Zeitpunkt vorlegen können, wenn es dringend wird, dann sind die Chancen sehr hoch, daß dieses Konzept auch in Ihrer Firma umgesetzt wird."

So wird man ein verkanntes Genie

"Ich will es noch deutlicher formulieren", sagt Herr Spinner. "Wenn Sie lediglich am laufenden Band Ideen produzieren, wird man Sie in der Firma schnell belächeln. Es ist eine alte Erfahrung, daß neue Ideen zunächst unterdrückt werden, dann belächelt, schließlich bekämpft. Wenn all das nicht geholfen hat, werden sie schließlich als eigene ausgegeben. Zielen Sie also mit ihren Ideen grundsätzlich auf brennende Probleme, d.h. auf Angelegenheiten, die dringend, nervend oder ärgerlich für die Beteiligten sind. Hier besteht die größte Chance, daß die neue Idee umgesetzt wird. Menschen, die geniale Ideen produziert haben, die aber von ihren Mitmenschen nicht verstanden wurden, gibt es bereits genug.

So wird man ein anerkanntes Genie

Das Geheimnis besteht also darin, sich zunächst ein solches dringendes Problem als Lösungsaufgabe zu stellen und unbedingt schriftlich zu formulieren. Erst dann sollte man systematisch die in diesem Buch beschriebenen Methoden zur Ideengewinnung anwenden.

Im folgenden möchte ich noch weitere Hindernisse beleuchten, die auftreten können, wenn eine Idee umgesetzt werden soll. Wir wollen sehen, wie wir diese Hindernisse überwinden können.

Stellen wir uns vor, wir seien ein Angestellter in einem Unternehmen und haben plötzlich eine hervorragende Idee, wie unsere Abteilung durch eine relativ einfache Maßnahme viel Geld einsparen kann. Diese Maßnahme ist einfach umzusetzen, sie tut auch nicht weh, niemand müßte entlassen werden oder ähnliches. Voller Begeisterung gehen wir zu unserem Chef und erzählen ihm von unserem Einfall. Dabei machen wir eine merkwürdige Erfahrung. Obwohl unsere Idee offenkundig gut ist, reagiert der Chef äußerst zurückhaltend und eher ablehnend. Enttäuscht gehen wir zu unserem Schreibtisch zurück und stellen in den nächsten Wochen fest, daß alles so weiterläuft wie bisher. Was ist passiert?

Der "Es-war-nicht-meine-Idee-Komplex" ...

Unsere Idee war gut, der Nutzen für die Firma offensichtlich. Wir haben nur eines nicht beachtet: das Ego unseres Vorgesetzten. Die Einfachheit und der offenkundige Vorteil unserer Idee sprach einen wunden Punkt in ihm an: Warum bin ich nicht selber darauf gekommen?

Es ist auch denkbar, daß die Geschichte anders ausgeht, als vorhin beschrieben. So könnten wir durchaus erleben, daß unsere Maßnahme tatsächlich einige Tage später umgesetzt wird - und der Direktor der Firma unserem Chef zu *seiner* hervorragenden Idee gratuliert.

... und die Lösung für diesen Komplex

Manchmal sind Vorgesetzte schwierig und reagieren auf einen Vorschlag, der in bester Absicht gemacht wurde, indem sie sich persönlich auf den Schlips getreten fühlen. Bei ihnen kann leicht der Eindruck entstehen, daß ein Untergebener meint, klüger zu sein als der Chef oder mehr vom Geschäft zu verstehen. Die Lösung dieser Ego-Probleme besteht darin, den Chef mit einzubeziehen, indem wir unseren Vorschlag in eine Frageform kleiden. Zum Beispiel: "Ich habe eine Idee, die vielleicht unserer Abteilung nützen könnte. Ich würde gerne Ihr Urteil dazu hören, weil Sie die Dinge aus Ihrer Erfahrung besser beurteilen können. Was wäre, wenn wir (hier folgt Ihre Idee) einmal ausprobieren?"

Wir stellen also möglichst unseren Chef in den Vordergrund und uns selber in den Hintergrund. Wir betonen nicht zu sehr, daß es unsere Idee ist. Statt dessen fragen wir lieber: "Was wäre, wenn unsere Abteilung einmal folgendes ausprobieren würde, könnte uns das nach Ihrer Erfahrung nicht einen Kostenvorteil bringen?"

Auf diese Formulierungen wird der Chef in der Regel aufgeschlossen reagieren.

Wie aus Ideen Konzepte werden

Oft ist eine Idee allein nicht genug. Sie muß durchdacht und in ein Konzept gekleidet werden, um unsere Vorgesetzten zu überzeugen. Ein solches Konzept entsteht fast wie von selbst, wenn wir zu unserer Idee zunächst eine kleine Gliederung schreiben. Diese Gliederung braucht am Anfang nur grob zu sein. Unsere Gedanken ordnen sich sehr schnell, weil die Gliederungspunkte wie die Schubladen in unserem Langzeitgedächtnis funktionieren. Alle weiteren Gedanken können dann sehr schnell zugeordnet werden.

Nicht zu früh reden

"Zügeln Sie sich", rät Herr Spinner. "Warten Sie, bis Ihr Konzept ausgereift und möglichst wasserdicht ist. Diskutieren Sie das Konzept mit Freunden, denen Sie vertrauen und bitten Sie Ihre Freunde, den 'Advokat des Teufels' zu spielen, also möglichst viele 'Ja-aber-Einwände' zu formulieren. Sie trainieren sich durch diese Diskussionen. Wenn es dann zur Diskussion Ihres Konzeptes mit Ihren Vorgesetzten kommt, sind Sie bestens vorbereitet.

Schaffen Sie Beweise

Gedanken lassen sich leicht unterdrücken, bei Fakten ist es schon schwieriger. Schaffen Sie greifbare Fakten, die beweisen, wie wirkungsvoll Ihr Konzept ist.

Stärken Sie ihre Machtposition

Ein Konzept, das ein für die Firma brennendes Problem löst, stärkt ihre Machtposition. Verdeutlichen Sie sich selber und wenn nötig auch anderen, daß Sie nicht darauf angewiesen sind, daß ausgerechnet diese Firma Ihre Idee umsetzt. Anders gesagt: Je mehr Firmen es gibt, die Ihre Problemlösung dringend braucht, desto stärker wird Ihre Machtposition.

Ideen präsentieren, statt darüber zu reden

Besonders bei kleineren Verbesserungen können wir außerdem versuchen, unsere Idee zu *präsentieren*. Wir können zum Beispiel ein kleines Modell bauen, oder wir entwickeln eine andere Form der Darstellung.

Dadurch schaffen wir eine Atmosphäre, die für unsere Idee günstig ist. Wenn wir nämlich nur über unsere Idee reden, werden wir feststellen, daß wir plötzlich ein Verkaufsgespräch führen. Wir versuchen zu erreichen, daß unsere Vorgesetzten die Idee 'kaufen'. Wenn wir unsere Idee statt dessen präsentieren, sind unsere Vorgesetzten entspannter und grundsätzlich aufgeschlossener.

Wenn Sie das Denken den Pferden überlassen sollen

Es kann allerdings auch sein, daß unser Chef trotzdem ablehnend reagiert und uns deutlich zu verstehen gibt, daß wir ihm lieber das Denken überlassen sollten. Wenn wir eine solche Antwort erhalten, dann gibt es in der Regel nur eine Reaktion: Wechseln Sie zu einer anderen Abteilung oder zu einem anderen Unternehmen, wo Ideen ernstgenommen und geschätzt werden. Nicht selten haben sich frustrierte Angestellte auch selbständig gemacht, weil ihre Verbesserungsvorschläge aus den oben genannten Gründen einfach nicht umgesetzt wurden. Dadurch wurden sie selber alleiniger Nutznießer ihrer Ideen. Wir sollten uns angewöhnen, mit Menschen zusammenzuarbeiten, die neue Ideen schätzen."

Herr Spinner erzählt uns wieder eine Episode, die einem heute selbständigen Unternehmer passierte, als er noch ein junger Mitarbeiter in einer großen Firma war[1]:

Ich stieß auf einige ziemlich ineffiziente Vorgänge und erarbeitete Verbesserungsvorschläge, die ich dem Abteilungsleiter zukommen ließ. Dann wartete ich - auf seinen Dank. Er ließ mich kommen und fragte: "Wie lange sind Sie jetzt hier bei uns?" - "Sechs Monate", antwortete ich. "Und wie lange ist diese Firma bereits erfolgreich im Geschäft?" fragte er. - "Ungefähr fünfzig Jahre, nehme ich an", antwortete ich.

"Richtig", sagte er, "es sind vierundfünfzig Jahre, um genau zu sein; und Sie nehmen an, in sechs Monaten hier alles besser zu wissen als wir alle hier und unsere Vorgänger in vierundfünfzig Jahren?!"

In den nächsten drei Jahren stellte ich keine Fragen, hatte keine Ideen, machte keine Vorschläge mehr ...

---

[1]: Entnommen aus: "manager magazin", Februar 1993.

Wenn wir selber Chef sind

"Viele Unternehmen", fährt Herr Spinner fort, "haben diese Fehler inzwischen erkannt. In den meisten Unternehmen gibt es ein innerbetriebliches Vorschlagswesen, das heißt, jeder Mitarbeiter kann dort Verbesserungsvorschläge einreichen und erhält dafür eine Geldprämie, wenn die Idee angenommen wird. Manche Unternehmen machen aber immer noch den Fehler anzunehmen, daß Geld allein ausreiche, um die Mitarbeiter zur Ideenproduktion zu bewegen. Viel motivierender als das Geld ist jedoch für den Mitarbeiter das Gefühl etwas bewegen zu können und dafür anerkannt zu werden. Wenn Sie selber Chef sind, rufen Sie also einen Mitarbeiter, der einen guten Vorschlag gemacht hat, zu sich, oder noch besser, gehen Sie zu ihm. Danken Sie ihm für seine Idee. Lassen Sie ihn diese Idee umsetzen. Zögern Sie nicht lange, sondern reagieren Sie schnell. Sie werden oft erleben, daß derselbe Mitarbeiter kurze Zeit später eine weitere gute Idee liefert oder seine ursprüngliche Idee noch weiter verbessert. Lob kann unser kreatives Denken immens inspirieren."

Wir bedanken uns bei Herrn Spinner und nehmen uns vor, die gelernten Dinge schrittweise in die Praxis umzusetzen. Wir werden mit *der* Technik anfangen, die uns am erfolgversprechendsten erscheint und sie auf das brennendste Problem anwenden, das wir gerade haben.

Anhang

Die Spaßlerndenk-Methode

Überwindung von Widerständen ...

Als ich[1] Anfang der neunziger Jahre mein erstes Seminar fertiggestellt hatte und versuchte, die ersten Seminarteilnehmer zu gewinnen, war klar, daß ich auf viel Ablehnung stoßen würde. Es ist eine geschichtliche Erfahrung, daß jeder, der etwas fundamental verbessert, auf Widerstände stößt. Er wird nicht nur bekämpft von denen, die von alten Strukturen profitieren, er weckt auch Aggressionen bei denen, die vorher andere Erfahrungen gemacht hatten. Und tatsächlich: Mit dem Lernen hat wirklich jeder seine Erfahrungen gemacht und verbindet es seit der Schule vor allem mit negativen Gefühlen. Und dann kam Anfang der neunziger Jahre jemand, der behauptete, daß Lernen auch Spaß machen kann und redete von einer „Spaßlerndenkmethode".

... durch praktische Erfolge

Seit Beginn der neunziger Jahre haben über tausend Menschen mit dieser Spaßlerndenkmethode große Erfolge erzielt. Sie haben deutlich schneller und leichter ihren angestrebten Prüfungsabschluß erreicht, als dies mit den üblichen Seminaren und Methoden möglich gewesen wäre. Den aktuellen Entwicklungsstand der Spaßlerndenkmethode, die Bestehensquoten unserer Teilnehmer, das Seminarangebot und weitere nützliche Informationen rund um Lernen und Kreativität finden Sie unter:

www.spasslerndenkmethode.de

Die Spaßlerndenkmethode ist eine Seminarmethode. Deswegen heißen die Seminare „Spaßlerndenk-Seminare".

---

[1] Hier spricht der Autor selber.

Die Spaßlerndenk®-Semiare

Spaßlerndenk-Seminare vermitteln betriebswirtschaftliches Wissen in erstaunlich kurzer Zeit. Eine ausführliche Seminarübersicht finden Sie unter

www.spasslerndenkmethode.de

Dann „Seminarübersicht“ anklicken.

Wir haben uns auf Gebiete konzentriert, wo die Ergebnisse meßbar sind. Unsere Seminare führen daher zu Prüfungen vor der Industrie- und Handelskammer. Wir sind dabei deutlich schneller und erfolgreicher, als man mit den üblichen Methoden sein kann.

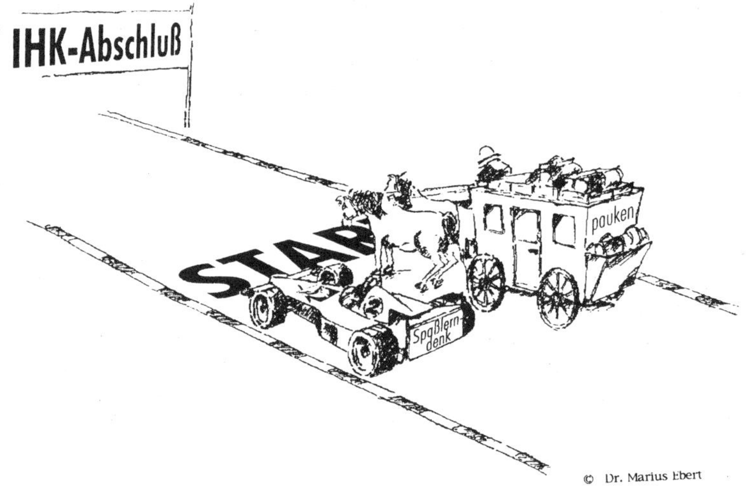

Unter anderem bieten wir an: Den Lehrgang "Fachkaufmann-/frau für Marketing ***in 18 Tagen***" (IHK-Abschluß), wahlweise im Abendunterricht (36 Abende) oder im Unterricht am Wochenende (18 Samstage oder Sonntage). Dieser Lehrgang richtet sich an Menschen, die bereits

Marketing tätig sind und einen anerkannten Abschluß auf diesem Gebiet machen wollen.

Weiterhin den Lehrgang "Technischer Betriebswirt/-in" (IHK-Abschluß) ***in 12 Monaten*** als Abendlehrgang oder ***in 35 Tagen*** als Wochenendlehrgang. Dieser Lehrgang richtet sich vor allem an Industriemeister und Ingenieure.

Außerdem den Lehrgang Betriebswirt/-in(IHK) ***in 27 Tagen*** im Wochenendunterricht (30 Samstage oder Sonntage). Der Betriebswirt (IHK) richtet sich vor allem an Fachwirte bzw. Fachkaufleute mit entsprechendem IHK-Abschluß.

Den Lehrgang Personalfachkaufmann/-frau ***in 13 Tagen*** im Wochenendunterricht, für Menschen, die im Personalwesen arbeiten.

Den Lehrgang Fachberater/-in für Finanzdienstleistungen ***in 15 Tagen*** für Menschen aus der Branche der Finanzdienstleistungen, insbesondere für selbständig am Markt tätige Berater.

Wie funktioniert das?

In einer Analogie könnte man sagen: Wenn die Lernmethode die "Schuhe" sind und der lernende Mensch die "Füße", dann passen die üblichen Methoden die Füße den Schuhen an - mit entsprechend schmerzhaften Resultaten.

Wir machen es umgekehrt.

Die Spaßlerndenk-Methode beruht auf einigen Elementen einer sehr effektiven Lernmethode - der Suggestopädie - sowie den Forschungen von Frederik Vester über die biologischen Abläufe in unserem Gehirn, wenn es neues Wissen aufnimmt. Außerdem verwenden wir Techniken des Bewußtseinstrainings und ein besonderes didaktisches Konzept. Das sind die Grundlagen. Inzwischen ist die Spaßlerndenkmethode soweit weiterentwickelt, daß es berechtigt erscheint, von einer eigenständigen Lehr- und Lernmethode zu sprechen. Mir jedenfalls ist keine andere Methode bekannt, die betriebswirtschaftliches Wissen mit einer nur annähernd vergleichbaren Effektivität und Effizienz vermittelt.

Das besondere didaktische Konzept

Oberflächlich betrachtet, erscheinen die Wirtschaftswissenschaften sehr umfangreich. Die wichtigsten Gebiete (z. B. Kostenrechnung, Finanzierung, Investitionsrechnung, Marketing, Bilanzierung und Produktion) erfordern nach normalen Lernmethoden viele Monate Zeit, um sie zu beherrschen.

Betrachtet man jedoch eine tiefere Ebene, so erkennt der Studierende schnell, daß mehrere Teilprobleme sich auf einfache Grundstrukturen zurückführen lassen, wie die Zweige eines Baumes zur Wurzel.

Ausgehend von der "Wurzel" über den "Stamm" zu den "Ästen" und von dort aus zu den "Blättern", können die Details leicht und schnell erfaßt werden. Außerdem befähigt dieser Ansatz den Studierenden zum ganzheitlichen, vernetzten Denken, da er über die Ebene der Grundstrukturen sehr schnell Zusammenhänge zwischen allen Teildisziplinen der Betriebswirtschaftslehre erkennen kann.

Der große Vorteil für den Seminarteilnehmer liegt besonders in der immens schnellen, angenehmen und damit motivierenden Informationsaufnahme. In Zeiten, in denen es besonders auf Flexibilität ankommt, können neue Lerninhalte auf diesem Wege sehr schnell transferiert werden.

Die Spaßlerndenk®-Methode

Aufbauend auf diesen Grundlagen ist meine Methode entstanden. Sie beruht im einzelnen auf den drei Elementen "Verstehen", "Vertiefen" und "Verwenden".

Verstehen: Hiermit ist das intellektuelle Erfassen gemeint. Wir vermitteln zunächst kurz und knapp den wesentlichsten Grundgedanken eines neuen Stoffgebietes und stellen alle Details und Variationen für eine spätere, tiefere Betrachtung zurück. Weiterhin ist eine einfache, klare, bildhafte Sprache wichtig. Generell geht es hier darum, den Lernstoff anschaulich, praxisbezogen und spannend zu präsentieren.

Vertiefen: Der verstandene Lernstoff muß nun "verinnerlicht" werden. In unseren Seminaren arbeiten wir mit der sogenannten "Alpha"-Entspannung, einer Gehirnstromphase, die für das Lernen ideal ist, weil in diesem Zustand körperliche Entspannung und geistige Wachheit und Aufnahmebereitschaft kombiniert auftreten.

Verwenden: Übung macht den Meister. In dieser Phase geht es darum, den vorher passiv aufgenommenen Lernstoff zu aktivieren. Wir verwenden praktische Fragestellungen und kleine Fallstudien, die die Seminarteilnehmer nun lösen.

Wir werden nun diese "drei Vs" genauer betrachten.

Das "Verstehen" ist um so leichter, je besser die Präsentation unserem Gehirn angepaßt ist. Hierzu gehören eine ...

... anschauliche und spannende Präsentation

Unser Gehirn ist sehr leistungsfähig, wenn es richtig benutzt wird. Frustration und Mißerfolg, den mancher Interessent bisher beim Lernen verspürt haben mag, liegen nicht am Lernenden, sondern am Lehrer. (Damit sind auch die meisten Lehrbücher gemeint.) Im Seminar werden alle Informationen grundsätzlich anschaulich, praxisbezogen und spannend präsentiert. Sie lernen auf allen Kanälen, die der Mensch zur Informationsaufnahme hat, das heißt mit den Augen, den Ohren und durch praktische Beispiele.

Motivation

Nur wer mit Freude bei der Sache ist, bringt gute Leistungen. Und: Nur wer Freude am Lernen hat, lernt gut. Motivation ist der entscheidende Lernfaktor. Im Seminar lernen Sie daher Techniken zur Selbstmotivation und zur richtigen Einstimmung auf eine Prüfungssituation.

Eine Untersuchung des brasilianischen Pädagogen Paolo Freire hat gezeigt: Ein erwachsener Analphabet kann in 40 Stunden lesen lernen - vorausgesetzt, daß die Worte lebenswichtige Bedeutung für ihn haben. Er ist also - mit anderen Worten - hochmotiviert. Nur 40 Stunden! Wie sehr könnte man diese Zeit noch verkürzen, würde man die Spaßlerndenk-Methode anwenden?!

Vertiefen durch Entspannung

Wir *vertiefen* im Seminar den Lernstoff in einem besonderen Bewußtseinszustand. Dieser Bewußtseinszustand ist der gleiche, den wir im Alltag im Übergang vom Wachen zum Schlafen erreichen. In diesem Zustand stellt sich bei den meisten Menschen ein angenehmes Körpergefühl ein. Wir sind in diesem Übergangsstadium oft sehr klar und haben gute Ideen. Wir erreichen jedoch im Alltag dieses Übergangsstadium nur zufällig, ehe wir einschlafen. Im Seminar werden wir diesen Zustand bewußt herbeiführen und halten. Es ist der Bewußtseinszustand, in dem wir besonders gut lernen können. Dieser Bewußtseinszustand wird "Alpha-Zustand" genannt, weil unser Gehirn sogenannte Alpha-Wellen produziert.

Der Alpha-Zustand

Die Alpha-Wellen wurden erstmals durch den Psychiater und Neurologen Hans Berger nachgewiesen. Er entwickelte 1929 einen Gehirnwellenschreiber, den sogenannten Elektroenzephalographen, kurz EEG genannt. Mit Hilfe eines EEG kann man die elektrische Tätigkeit der Hirnrinde nachweisen.

Durch Messungen hat man herausgefunden, daß diese elektrische Tätigkeit des Gehirns nicht immer gleichmäßig ist, sondern daß man verschiedene Frequenzbereiche voneinander unterscheiden kann. So können wir verschiedene Bewußtseinsebenen voneinander abgrenzen.

Verschiedene Bewußtseinsebenen

Jetzt, in diesem Moment, befinden Sie sich, liebe Leserin, lieber Leser, auf der *äußeren* Bewußtseinsebene. Sie haben die Augen geöffnet und nehmen mit ihren Augen diese Zeilen wahr. Außerdem fühlen Sie den Platz, auf dem Sie sitzen, und hören die Geräusche, die Sie umgeben. Kurz gesagt, auf der äußeren Bewußtseinsebene nehmen wir die Welt mit unseren physikalischen Sinnen wahr (Sehen, Hören, Riechen, Tasten, Schmecken). Wenn Sie nun in diesem Moment an einen Gehirnwellenschreiber, ein EEG, angeschlossen wären, so wird das Gerät überwiegend die sogenannten BETA-Wellen angezeigen, die folgendermaßen aussehen:

Typischer Verlauf der BETA-Wellen

Die inneren Bewußtseinsebenen

Wenn Sie nun die Augen schließen würden, weil Sie einschlafen wollen, befänden Sie sich auf einer inneren Bewußtseinsebene. Versetzen Sie sich für einen Moment in diese Situation und denken Sie daran, was in diesem Stadium passiert. Bei den meisten Menschen stellt sich ein angenehmes, warmes und wohliges Körpergefühl ein. Sehr oft haben wir dann vor unserem geistigen Auge noch einige Eindrücke des zurückliegenden Tages oder denken vielleicht auch an den morgigen Tag.

Oft haben wir in diesem Zustand gute Ideen. In diesem Übergangsstadium vom Wachen zum Schlafen produziert unser Gehirn nun überwiegend die sogenannten ALPHA-Wellen, die so aussehen:

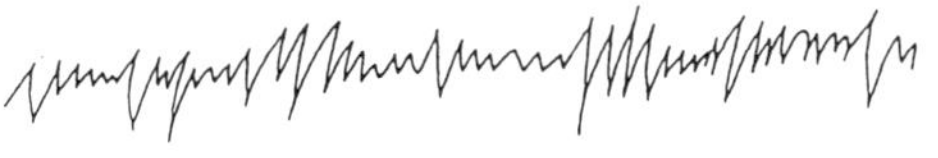

Typischer Verlauf der ALPHA-Wellen

Im Schlaf produzieren wir überwiegend die sogenannten THETA-Wellen, die so aussehen:

Typischer Verlauf der THETA-Wellen

Im Tiefschlaf mißt man überwiegend DELTA-Wellen:

Typischer Verlauf der DELTA-Wellen

In unseren Spaßlerndenk-Seminaren nutzen wir gezielt und bewußt den ALPHA-Zustand, um den Lernstoff zu vertiefen. Wir benötigen hierfür keinerlei Geräte, sondern lediglich eine einfache Entspannungstechnik, die kinderleicht zu erlernen ist.

Verwenden = Aktivierung

Kommen wir zum dritten "V", dem Verwenden. In einer Prüfung wie auch in der Praxis zählt nur der Lernstoff, den Sie aktiv beherrschen. Es reicht also nicht, von den Dingen nur etwas gehört zu haben. Wir müssen die praktischen wirtschaftlichen Probleme des Alltags lösen, indem wir unser Wissen anwenden. Im Seminar wird daher ständig Wissen wiederholt und aktiviert. Wir stellen uns praktischen Problemen und typischen Prüfungsfragen. Wenn Sie diese Aufgaben lösen, werden Sie viel Freude und Erfolgserlebnisse haben.

Überwinden von Prüfungsängsten

Zum Verwenden des gelernten Wissens gehört es auch, daß wir in der Lage sein müssen, in einer Prüfungssituation unser Wissen sicher abzurufen. Deswegen lernen die Seminarteilnehmer Techniken, die ihnen helfen, Prüfungsängste zu überwinden und mit Frau Mnemo und dem Gedächtnispersonal richtig zusammenzuarbeiten.

Ideen, Anregungen und Verbesserungen

Wenn Sie gute Ideen, Anregungen und umsetzbare Verbesserungsvorschläge zu diesem Buch haben, dann schreiben Sie mir bitte. Sie werden dann in der nächsten Auflage namentlich als Quelle genannt.

Vielen Dank, daß Sie mein Buch gelesen haben. Bitte empfehlen Sie es weiter, wenn es Ihnen gefallen und genützt hat.

Über den Entwickler der Methode

Dr. Marius Ebert, Jahrgang 1961, Banklehre, Studium der Betriebswirtschaftslehre, Promotion zum Doktor der Wirtschaftswissenschaften, Spezialist auf dem Gebiet des leichten, schnellen und effektiven Wissenstransfers.

Die von mir entwickelte Spaßlerndenk-Methode ermöglicht es Ihnen, in kurzer Zeit sehr schnell sehr viel zu lernen. Im Folgenden möchte ich noch kurz schildern, wie die heutige Methode entstanden ist:

Entwicklungsgeschichte der Methode

Meine Methode ist aus Frustration entstanden, Frustration über ineffektiven Unterricht an der Universität während meines eigenen Studiums. Wenn ich dort im Hörsaal saß, hatte ich immer das Gefühl, meine Zeit zu vertun. Wenn ich mich dann nach einer Vorlesung fragte, was ich denn nun eigentlich dort gelernt hatte, so mußte ich mir die Frage klar beantworten: Außer einer Menge von Begriffen, die völlig unstrukturiert in meinem Kopf herumschwirrten, und dem Brennen in meinen Augen vom Tageslichtschreiber hatte ich nicht viel mitgenommen.

Die Grundsatzfrage und die Quellen

Dies veranlaßte mich, mir die Frage zu stellen: Wie kann ich mir das Lernen leichter machen?

Ich begann mich mit Themen wie "Gehirn" und "Bewußtsein" zu beschäftigen. Ich entdeckte Methoden und Techniken, die mir helfen konnten, vor allem das sogenannte Mentaltraining und die von dem Bulgaren Georgi Lozanov entwickelte Suggestopädie (populär: "Superlearning"). Ich lernte auch viel aus den Untersuchungen von Frederik Vester und aus seinem Buch "Denken, Lernen und Vergessen". Ich experimentierte mit mir selber.

Mir wurde klar, daß die meisten Lehrer zwar ihr Fachgebiet mehr oder weniger gut beherrschen, daß sie aber wenige bis gar keine Gedanken darauf verschwenden, ob das, was sie vermitteln, auch beim anderen richtig verstanden wird und so gut gespeichert werden kann, daß der Lernende schließlich den Lernstoff in seiner Prüfungssituation sicher abrufen kann.

Ich begann meine Experimente mit meiner eigenen Examensvorbereitung zu kombinieren, d. h., ich probierte alle möglichen Formen und Möglichkeiten des Lernens mit dem betriebswirtschaftlichen Lernstoff an mir selber aus.

Das Angebot zum Test

Das gleiche Problem, das ich hatte, haben viele andere Menschen auch. Ich schrieb mein erstes Seminar, um nun nicht mehr mir selber, sondern anderen Menschen zu helfen, ebenfalls betriebswirtschaftliches Wissen leichter zu lernen.

Inzwischen hatte ich mein Studium abgeschlossen und war promoviert, als ich dieses Seminar zusammen mit Studenten ausprobierte. Damals führte ich ein Angebot ein, das ich bis heute beibehalten habe. Jeder Seminarteilnehmer hat die Möglichkeit, sich zunächst von der Effektivität meiner Methode selber zu überzeugen und sich erst dann verbindlich zum Seminar anzumelden.

Überwindung des größten Hindernisses

Inzwischen ist meine Lernmethode über viele Jahre bewährt. Das größte Hindernis für viele Interessenten ist nach wie vor, daß sie einfach nicht glauben können oder wollen, daß Lernen viel einfacher und schneller gehen kann, als sie es aus Schule und Berufsausbildung gewohnt sind. Ich habe mir abgewöhnt, mit diesen Menschen zu diskutieren. Mir ist klar, wie schwer es dem menschlichen Bewußtsein fällt, ein einmal eingeprägtes Denkmuster aufzugeben.

Wir stehen erst am Anfang

Was die Möglichkeiten unseres Gehirns und unseres Bewußtseins angeht, schneller zu lernen, so stehen wir noch ganz am Anfang. Meine Seminare sind ein erster Schritt auf einem langen Weg. Ich sammle und entwickle ständig neue Ideen, um mein Konzept weiter zu verbessern und meinen Teilnehmern die Lernarbeit weiter zu erleichtern. Die technischen Möglichkeiten, besonders die Entwicklungen auf dem Computersektor ermöglichen weitere Verbesserungen. Möglichkeiten stekken unter anderem im sogenannten "E-Learning"[1] und vor allem im sogenannten "Cyberspace", der virtuellen Realität.

Worauf es wirklich ankommt

Ich glaube, daß wir es uns auf Dauer einfach nicht leisten können, uns jahrelang mit irgendeinem Lernstoff zu langweilen. Wir müssen das Wissen *so schnell wie möglich* aufnehmen und dann das tun, worauf es wirklich ankommt: das Wissen *anwenden*, um die Probleme der Praxis zu lösen.

Die Dr. Ebert Akademie AG

Im Oktober 1998 wurde die Dr. Ebert Akademie AG gegründet. Sie hat ihren Sitz in Königswinter. Hier ist seitdem die "Denkzentrale" für die Weiterentwicklung der Spaßlerndenk®-Methode, für das Konzipieren neuer Seminare und die Schulung von speziell ausgebildeten Dozenten. Die Dr. Ebert Akademie AG arbeitet mit mehreren Kooperationspartnern in ganz Deutschland zusammen, um die Spaßlerndenkmethode zu verbreiten, wie z. B. der Deutschen Angestellten Akademie, Carriere and more etc.

Eine weitere Kooperation besteht mit der Firma G.I.T.-Seminare in Bergisch-Gladbach, die spezialisiert ist auf Sprachkurse in Englisch. Sie betreut diejenigen Teilnehmer, die diese Sprache aus beruflichen Gründen schnell lernen oder vertiefen müssen. Natürlich wird dort mit der Suggestopädie gearbeitet. Dieses Unternehmen wird - wie die Dr. Ebert Akademie auch - nach der EKS-Strategie geführt und ist damit durch eine gemeinsame Philosophie mit uns verbunden. Was aber ist die EKS-Strategie?

---

[1] „E-Learning“ steht für „Electronic-Learning“. Damit ist das Lernen mit Hilfe des Internets gemeint. Das E-Learning-Programm der Dr. Ebert Akademie ist zur Zeit im Aufbau. Es soll unsere Präsenzseminare unterstützen und unseren Teilnehmern das Lernen weiter erleichtern.

Die EKS-Strategie

Die EKS-Strategie (Engpaßkonzentrierte Strategie) ist eine strategische Lehre, die sich an den Gesetzen des erfolgreichsten Unternehmens überhaupt orientiert: der Natur. Erfolgsgesetze der Natur wurden durch diese Lehre auf wirtschaftliches Handeln übertragen. Die EKS-Strategie vertrittt dabei im Kern einen grundsätzlich anderen Ansatz als die klassische Betriebswirtschaftslehre, die in ihren Mittelpunkt das Streben nach (maximalem) Gewinn gestellt hat. Gewinn ist aber nicht Ziel, *sondern Ergebnis des Nutzens für eine Zielgruppe,* an die man sein Angebot gerichtet hat. Einfacher gesagt: Wenn der Kunde zufrieden ist, kommt der Gewinn von allein. Das Ziel aller Kräfte muß also sein, den Nutzen für eine Zielgruppe zu verbessern.[1]

Um dieses Nutzenangebot für unsere Seminarteilnehmer noch weiter zu verbessern, ist die Dr. Ebert Akademie AG eine weitere Kooperation mit einem Unternehmen eingegangen, das ebenfalls nach EKS geführt wird: der Telis Finanz AG.

Die Telis Finanz AG

Betriebswirtschaftliche Seminare, wie sie die Dozenten der Dr. Ebert Akademie AG abhalten, bieten dann den meisten Nutzen für unsere Seminarteilnehmer, wenn diese neben dem Erfog einer gut bestandenen Prüfung am besten sofort umsetzbares Wissen vermittelt bekommen. So stellen meine Dozenten und ich fest, daß unsere Seminarteilnehmer großes Interesse haben an Themen wie "Steuern sparen", oder "Altersvorsorge", wenn wir die entsprechenden Themen im Seminar behandeln. Einige unserer Seminarteilnehmer hatten sich auch schon anderswo entsprechend beraten lassen - und teilweise schlechte Erfahrungen gemacht.

Wir haben dies zum Anlaß genommen, uns den Markt genau anzusehen und fanden schließlich nach drei Jahren intensiver Marktforschung die Telis Finanz AG, deren Betreuungs- und Beratungskonzept nach unserer Einschätzung marktführend und so beispiellos ist, daß wir es

[1] Ich verdanke der EKS-Strategie wesentlich und entscheidend meinen Erfolg und kann jedem nur empfehlen, sich mit dieser Strategie zu beschäftigen. Dies gilt für allem für die Menschen, die beruflich weiterkommen möchten oder vielleicht sogar nach einem Weg in die Selbständigkeit suchen.

ebenfalls durch eine Kooperation in unser Leistungsangebot an unsere Teilnehmer eingebunden haben.[2]

Adressen

Kontakt: Spaßlerndenk-Seminare

Dr. Ebert Akademie AG

Dr. MARIUS EBERT
Am Kissel 7
53639 KÖNIGSWINTER
Tel.: 02223 / 90 59 75

E-Mail: [redacted]@spasslerndenkmethode.de

Für (Wirtschafts)-Englisch

G.I.T.-Seminare GmbH & Co. KG
Siebenmorgen 45
51427 Bergisch Gladbach
Tel. 02204/92 65-0
Fax 02204/6 88 20

Für Interessenten an der EKS-Strategie

EKS-Akademie
Schloß Elmau
74182 Obersulm b. Heilbronn
Tel. 07130/450 460
Fax 07130/450 461

[2] Auch die Ehefrau des Autors - Sigrid Ebert - nutzt das System der Telis-Finanz AG für ihre Finanzberatungen für private Haushalte.

Für Interessenten an den Leistungen der Telis-Finanz AG

Kanzlei für Finanzdienstleistungen
Sigrid Ebert
Reuther Str. 1a
53773 Hennef
Tel. 02242/87408-37
Fax 02242/87408-45

Für Briefe an den Autor

Dr. Ebert Akademie AG
c/o Dr. Marius Ebert
Villa Christine
53639 Königswinter

www.spasslerndenkmethode.de

Ökonomix

Das neue Titelbild dieser 4. Auflage zeigt Ökonomix. Ökonomix ist ein Zauberer, der unsere Seminarteilnehmer beim Studieren ihrer Teilnehmerunterlagen betreut. Auch bei unserem E-Learning-Programm wird Ökonomix den Seminarteilnehmern helfen.

Album „Werde Du"

In die letzte Auflage hatte ich noch kurz vor Redaktionsschluß unseren Spaßlerndenksong mit dem Titel „Werde Du" aufgenommen, dessen Text auf der nächsten Seite abgedruckt ist. Im Jahr 2003 wird ein komplettes Album unserer Lieder auf CD erscheinen. Es wird produziert von Frank Stumvoll, Freshart Musicproductions. Wer den Titelsong jetzt schon hören will, der findet ihn auf unserer Homepage

www.spasslerndenkmethode.de

Werde Du

Text und Gesang: Monika Matz, Musik: Sylvia Gonzalez Bolivar, Produktion: Christoph Siemons

Lernen
Quälen
Kopfschmerz
Sich verstecken
Lustlos nach den Sternen recken

Feuchte Hände
Herzen rasen
Angst im Chaos zu versagen

Angst Angst Angst

Entscheide
Spaß zu lernen
zu gewinnen
Spaß, das Dickicht
zu durchdringen

Spaß zum Denken
und zum Siegen
Lass Dich nie mehr unterkriegen

Werde Du (4x)

Ich will, das ist ein Zauber
Lass diesen tief ins Herz
Im Herzen wirst Du spüren,
er nimmt Dir jeden Schmerz

Ich will, das Wort ist mächtig
Wenn Du im Dunklen bangst,
Du mußt nur an Dich glauben,
dann nimmt es Dir die Angst

Suche, siege, leuchte, liebe
Dickicht, Durchbruch,
Träume, Hoffnung
Mut, Methode und Magie

Werde Du (4 x)

Spaß zu lernen, zu gewinnen
Werde Du
Spaß, das Dickicht zu durchdringen
Werde Du

Spaß zum Denken
und zum Siegen
Werde Du
Laß Dich nie mehr unterkriegen
Werde Du (9x)

Gedächtnisschlüssel*

0	=	S, Z	=	Zahn
1	=	T	=	Glas Tee
2	=	N	=	Noah
3	=	M	=	Mai
4	=	R	=	Reh
5	=	L	=	Löwe
6	=	Sch	=	Schuh
7	=	K	=	Kuh
8	=	F	=	Fee
9	=	B	=	Bau
10	=	T + S	=	Tasse
11	=	T + T	=	Tüte
12	=	T + N	=	Tanne
13	=	T + M	=	Tom
14	=	T + R	=	Teer
15	=	T + L	=	Tal
16	=	T + Sch	=	Tasche
17	=	T + K	=	Theke
18	=	T + F	=	Taufe
19	=	T + B	=	Taube
20	=	N + S	=	Nase

* nach Dr. Bruno Furst

21	=	Naht	41	=	Rute
22	=	Nonne	42	=	Ruine
23	=	Name	43	=	Rahm
24	=	Narr	44	=	Rohr
25	=	Nil	45	=	Rolle
26	=	Nische	46	=	Rausch
27	=	Nacken	47	=	Reck
28	=	Neffe	48	=	Riff
29	=	Narbe	49	=	Rabe
30	=	Maus	50	=	Los
31	=	Matte	51	=	Latte
32	=	Mann	52	=	Leine
33	=	Mama	53	=	Lamm
34	=	Meer	54	=	Lire
35	=	Mehl	55	=	Lilie
36	=	Masche	56	=	Lasche
37	=	Mücke	57	=	Lack
38	=	Muff	58	=	Löffel
39	=	Mappe	59	=	Lupe
40	=	Rassel	60	=	Schoß

61	=	Schotte	81	=	Fett
62	=	Scheune	82	=	Fahne
63	=	Schaum	83	=	Flamme
64	=	Schere	84	=	Fähre
65	=	Schale	85	=	Falle
66	=	Schach	86	=	Fisch
67	=	Scheck	87	=	Flocke
68	=	Schaf	88	=	Fegefeuer
69	=	Scheibe	89	=	Farbe
70	=	Kasse	90	=	Baß
71	=	Kette	91	=	Bett
72	=	Kahn	92	=	Bahn
73	=	Kamm	93	=	Baum
74	=	Karre	94	=	Bar
75	=	Kehle	95	=	Ball
76	=	Koch	96	=	Bach
77	=	Kakao	97	=	Backe
78	=	Kaffee	98	=	Buffet
79	=	Kappe	99	=	Baby
80	=	Ferse			

Literaturverzeichnis

Vera Birkenbihl: Stroh im Kopf?, mvg Verlag

Ernst Bloch: Das Prinzip Hoffnung, Suhrkamp Verlag

Edward de Bono: Laterales Denken, Econ Verlag

Edward de Bono: Chancen, Econ Verlag

Ray Considine, Murray Raphel: Der große Ideenklau, Verlag Norman Rentrop

Erich Fromm: Haben oder Sein, dtv Verlag

Hermann Haken, Maria Haken-Krell: Erfolgsgeheimnisse der Wahrnehmung, Deutsche Verlags Anstalt

Napoleon Hill: Denke nach und werde reich, Knaur Verlag

Eike Christian Hirsch: Der Witzableiter, Hoffmann und Campe Verlag

Ignaz Jezower: Das Buch der Träume, Ullstein Verlag

Sebastian Leitner: So lernt man lernen, Herder Verlag

George Orwell: 1984, Ullstein Verlag

Max Planck: Wissenschaftliche Selbstbiographie, in: Physikalische Abhandlungen u. Vorträge, Band 3, Braunschweig

Nossrat Peseschkian: Der Kaufmann und der Papagei, Fischer Verlag

Henning Sabo: Es geht immer um alles, Verlag Peter Sabo, Mainz

Jürgen vom Scheidt: Das große Buch der Träume, Heyne Verlag

Wolf Schneider: Wörter machen Leute, Piper Verlag

Wolf Schneider: Deutsch für Kenner, Verlag Gruner und Jahr

Rupert Sheldrake: Das Gedächtnis der Natur, Scherz Verlag

Frederic Vester: Denken, Lernen, Vergessen, dtv Verlag

Oscar Wilde: Das Bildnis des Dorian Gray, Bertelsmann Verlag

Barbara Yurtdas: Gebrauchsanweisung für die Türkei, Piper Verlag

Philip Zimbardo: Psychologie, Springer Verlag

Stichwortverzeichnis

A

B

C

D

H

I

K

P

R

S

Lösungen

Aufgabe von Seite 100: Finden Sie möglichst viele Verbindungen zwischen einem Hund und einer Schraube!

Eine große Schraube ist ein Spielzeug für den Hund.

Ein Hundemodell wird mit Hilfe einer großen Schraube an der Wand befestigt.

Ein Hund wird aus Schrauben gebastelt.

Hundefutter in Schraubenform.

Der Hund hat eine Schraube verschluckt.

Auf dem Kopf einer überdimensionalen Schraube sitzt ein Porzellanhund.

Ein Hund verletzt sich an einer Schraube.

Der Hund heißt "Schraube".

Ein Hund wird auf das Wort "Schraube" dressiert, statt "Faß!".

Ein moderner Künstler schafft das Kunstwerk "Hund und Schraube".

usw.

Aufgabe von S. 120: die schnelle Lösung für die Rechenaufgabe

Die Lösung lautet "Sechs" (vier plus zwei), da jede Multiplikation mit Null automatisch Null ergibt, egal, wie viele Zahlen mit Null multipliziert werden.

Aufgabe von Seite 138: Finden Sie Verwendungsmöglichkeiten für einen Kleiderbügel!

1) Als Armverlängerung, um an einen Gegenstand zu gelangen, der hinter den Schrank gefallen ist.

2) Als Kochlöffel zum Umrühren in großen Töpfen.

3) Um Fliegen zu verjagen.

4) Als Stockersatz für ein Pferd.

5) Als Staffelstab für eine Läuferstaffel.

6) Als Teil des Daches für ein Puppenhaus.

7) Als Bogen für einen Flitzebogen.

8) Um einen Feuermelder einzuschlagen.

9) Als Brennholz*.

10) Als behelfsmäßiger Taktstock.

11) Als Zeigestock an einer Tafel oder um eine Skizze in den Sand zu zeichnen.

12) Er könnte zur inneren Verstärkung einer Gipsplastik dienen.

13) Zum Anzünden einer Zigarre*.

14) Zum Kratzen unter einem Gipsarm.

usw.

---

* Vielleicht wenden Sie hier ein: Ja aber, niemand hat gesagt, daß der Kleiderbügel aus Holz ist, ich habe an einen Kleiderbügel aus Plastik gedacht. Eben!